大是文化

「つい自分を後回しにしてしまう」
が変わる本

為了配合你，我總是苛刻的對待自己

在「從不讓人失望」
和「只顧自己」之間，
我該站在哪裡？

日本心理諮商師
積田美也子——著
李煥然——譯

我不喜歡讓對方
不開心……

如果這麼做，可以圓滿解決的話……

太為別人著想，
讓我覺得好累……

畢竟對方也很辛苦……

不知道自己想要
做什麼……

你是不是總把
別人擺第一，
卻忽略了自己的感受？

今天又不小心答應別人了……

都沒有時間做自己的事……

總覺得都是我在忍耐……

沒辦法說出自己的意見……

總覺得都沒有人關心我……

目錄

第四章 每天做一件想做卻不敢做的事 …… 103

第五章 你不必成為誰的超人 141

第六章

萬一還是行不通，你可以這麼做……179

第七章 允許自己獲得幸福

推薦序一
照顧自己，就等於照顧了全宇宙

諮商心理師、作家／蘇予昕

最近，我的個案阿承開心的說：「在和朋友聚餐時，我終於能說出我真心想點的菜了耶！」看見阿承眼中的閃亮，令我也不禁跟著雀躍起來。一般人可能無法理解，不就是點個菜嗎，有什麼好值得開心的……但對於「配合大隊」的隊員們來說，這可能是我們每天都在經歷的內心掙扎。

「配合大隊」有幾個常見的特色：

一、難以拒絕他人的請求：因為配合大隊的隊員們擁有敏銳的感受力，容易看見別人的難處、辛苦或麻煩，就忍不住想答應別人，不答應就會產生濃濃的罪惡感，覺得自己糟透了。

二、害怕衝突，追求和諧：配合大隊的隊員們普遍認為，沒有什麼比大家和和氣氣更重要了，而且認定若不滿足他人的需求，就一定會影響氣氛。

三、被角色綁架，很難做自己：例如，很多人認為「當了媽媽，就得以小孩為優先」、「身為職員，就要盡量配合主管及同事」，或「既然是朋友，就得為他兩肋插刀」等，追求演好角色，卻忽略自己內在的需求。

四、不輕易求人，很怕給人添麻煩：配合大隊隊員雖然很常幫助別人、順著別人，但自己有困難時，卻習慣獨自承擔。

五、過度的把「無私、忍耐、奉獻」視為美德：也許是成長或教養的經驗，讓隊員們一旦想為自己做點什麼，就非常自責，認為自己很不應該，好像要呈現某種無私的大愛才正確。

我們曾經都是如此，一心為他人著想，以為這樣就會被愛……直到某一天，我聽到了一句箴言：「照顧自己，就等於照顧了全宇宙。」那時的我仍充滿懷疑：「真的可以先照顧自己嗎？這樣聽起來好過分喔……。」「會不會變成別人眼中自私自利的傢伙啊……？」內心盡是滿滿的恐懼與罪惡感。

直到如今，走過一段內在療癒歷程的我才逐漸想通，「幸福」並不是一場零和遊戲，不是自己多了一點、別人就得少一點；因為幸福不只局限於物質層面的擁有，更包含了精神與意識層面，例如愛與各種美好的感受。所以當你照顧了自己，也許的確讓對方少了一點方便，但你卻提供整個宇宙更豐富的能量。

親愛的你，也是配合大隊的一員嗎？相信是某種內心的召喚，才讓這本書來到你的面前。作者將運用她溫暖的文字及貼近的案例，協助你脫離苛刻待己的人生，書中也提供很多簡單的日常操作心法，一步一步引領讀者，重視內心的真實感受，允許自己幸福快樂！

推薦序二
當我們不再被情緒勒索

臉書影劇評論專頁「重點就在括號裡」版主／重點就在括號裡

大約三年前，因為賣座暢銷書的緣故，「情緒勒索」這個詞彙在臺灣突然爆紅。若臺灣與日本一樣有年度流行語大賞的話，我想這個精準描述人際關係的名詞，恐怕會是二〇一七年的年度冠軍吧。因為情緒勒索這四個字，不分男女老少，非常準確的道出在各種關係的言語裡頭暗藏的畏懼。

情緒勒索，索要的不是金錢財富，而是用言語、動作（甚至是一個小小的嘆息）來操控你的心思、改變你的決定，你若不順對方的意，這些情緒勒索者便開始自憐或是貶低，甚至威脅，讓你心生愧疚、產生自我懷疑，讓你沒辦法順利表達自己的意見。

不過，這本《為了配合你，我總是苛刻的對待自己》所描寫的心理狀態，其實不在於情緒勒索的當下，因為從這十六個字的書名裡頭，就已經直接告訴讀者「問題所在」以及「造成的結果」：為了配合你，所以我對自己苛刻。它更像是著重在各種日常裡潛移默化的情緒勒索後、當你已經習慣不再把自己的感受擺第一了，你該怎麼做？

作者寫下七個步驟，讓我們逐步了解自己，並回顧、肯定、調整自己，最後將「自我」擺在所有事物的第一位，不再勉強自己。她抽絲剝繭，用簡單易讀的文章及案例，慢慢解析：「你是從什麼時候開始，不再把自己擺第一的呢？」而這七個步驟，說穿了，其實很簡單：你要先愛自己，你才有空間去愛別人。

為什麼我們總是會先看到自己的不足，搞得自己缺乏自信心；為什麼我們總把珍貴的注意力放在其他人身上，而忽略了最重要的自我；為什麼「嚴以律己」這四個字會變成一道束縛，讓我們錯失肯定自己的時機；為什麼我們遇到困難時，總是先習慣默默承受，獨自忍受那份鬱悶及迷惘，卻不肯向他人尋求協助。

以上這些為什麼，說起來簡單，但如果不把顯微鏡對準自己內心、仔細看看上頭的痛苦；不將聽診器放在自己的心上、仔細傾聽真正的心聲，那麼我們的確很難察覺，這些總是被忽略的微弱細節及微音。

透過本書的七個章節，也許我們會察覺到，最善於情緒勒索的，其實就是我們自己，而《為了配合你，我總是苛刻的對待自己》這本書便是在告訴你，你值得獲得幸福。所以，請好好的肯定自己，套一句書裡簡潔有力的文字：掌控你人生主導權的人，正是你自己。

當你的人生不再受制於其他人的眼光，當你能重視自己的真實感受、並且盡情活出自己的人生時，那麼，這本書便是有意義的。

前言
為了配合你的情緒，我總是苛刻的對待自己

「我自己明明也有工作要做，但是別人一拜託我，我也拒絕不了，結果又加班到很晚才回家。」

「我總是以孩子和老公為優先，根本抽不出自己的時間。」

「當別人問我想要什麼的時候，我總是不好意思開口，不敢表達自己的想法。」

「比起自己的心情，我更在意對方的想法，卻總是覺得沒有得到對

等的回報。」

「擔心開口拜託會給別人添麻煩，所以不敢尋求協助。」

你總是「把別人放第一，把自己擺後頭」嗎？本書正是為你而寫的。

我是一名諮商心理師，至今已經與三千五百人以上諮商晤談，協助他們療癒心靈、解決煩惱。

其中，我注意到許多人會把別人看得太重，卻把自己弄得疲憊不堪，沒辦法做自己想做的事；或者覺得明明為別人這麼努力了，卻還是遲遲得不到回報。

把別人擺第一，把自己的感受擺後頭，這件事本身並沒有錯，正是因為你能夠善待他人，所以才會總是以別人為優先，這是很棒的事。然而，要是你為了善待他人，卻搞得自己疲憊不堪，那問題可就大了。

如果你因此而痛苦，一開始以為自己還可以接受，但總是覺得不快樂……這就代表你並未按照自己想要的步調生活。

如果出現這種情況，我希望你能照著本書的內容嘗試看看。只要逐步實踐本書的內容，你一定也能以自己為優先，每天都能按照自己想要的步調，快樂的生活。

其實，我也曾經看著那些人大剌剌的凡事以自己為主，（看起來好像有）藉此獲得想要的東西，並且羨慕的覺得：「真好！」

然而，我總覺得**優先考慮自己不是好事**，讓我無意間產生了罪惡感，導致我根本沒辦法把自己擺第一。從小開始，我就強烈的覺得，別人都不了解真正的我，我也很難融入周遭，於是我總是認為「活著好累」、「我這樣好沒用」，也試圖擺脫這些無力感，從學生時期到長大成人，我都不停在想，我一定要加倍努力，成為更好的自己，全力以赴的活到了現在。

得益於此，我的工作與個人生活都過得十分充實，但我卻越來越痛苦，因為我不顧一切的鞭策自己「再努力一點」，所以覺得筋疲力盡。我不懂得占別人便宜，只能夠原地踏步。事到如今，我一直以來的做法已經行不通了，可是又不知道該怎麼辦才好……。

就在此時，我在街邊的書店邂逅了一本書。這本書就是哥倫比亞大學醫學院醫療心理系的兩位教授所合著的《奇蹟課程》（*A Course in Miracles*）。雖然這本書在日本並不知名，但它已經在全球翻譯成二十七種語言。以自我啟發領域的世界性領袖為首，許多實行書中內容的人，都大大改變了他們的人生。

讀完這本書以後，我終於了解心靈的機制與意識的真實力量，便立刻實踐書裡的內容。結果，我心中看待過去不愉快事情的觀點，以及看待他人的方式，有了根本上的變化，也逐漸舒緩了內心的矛盾和痛苦。

後來，在因緣際會之下，我有幸翻譯了《奇蹟課程》的相關書籍，並以諮商心理師的身分投入諮商晤談工作，和許多人分享這些改變我人生的思維及方法。我發現客戶最常有的煩惱，就是正如我先前提到的「以別人為優先，把自己擺後頭」。

總是以別人為優先，又常常忍讓、遷就他人，不知不覺中這已經成了一種習慣。許多人猛然回過神來，才開始疑惑：「我到底想做什麼？」「我活著的樂趣是什麼？」變得越來越不了解自己。

你既然拿起了這本書，想必心裡應該也有個底了。

會把自己擺後頭的人，感知「外在」的靈敏度很高，比如對方的感受、渴望的事物、場合的氣氛等，因此經常將注意力放在外界。但也正因為如此，無法把注意力放在自己的「內在」，導致當事人在無意間忽視了自己的感受，總是把別人擺在第一。

在精神及物理（時間）上，你把太多的自我交給對方，以至於根本沒有餘力做自己想做的事。因為在做想做的事之前，就已經筋疲力盡，讓你缺乏動力去做任何事情。

另外，雖然你為別人做出許多貢獻，但因為自己想做或應該做的事毫無進展，所以你的自我評價也會越來越低。如果再這樣下去，你遲早會倒下的。

那麼，該如何才能學會把自己的感受擺第一？

經常以別人為優先，把自己的需求擺在後頭的人，都擁有扭曲的「思維習慣」。

所謂扭曲的思維習慣，是一種以恐懼為基礎的思考方式，像是「我應該要……」、「如果不這麼做，我就沒辦法得到想要的東西」。一旦你以恐懼為基礎，就會開始害怕人和事，從而無法以自己為優先。

每個人原本都能擁有以愛為基礎的觀點，讓我們能夠珍惜自己與對方。然而，隨著我們逐漸累積各種經驗，卻也讓我們的觀點轉變成以恐懼為基礎。

換句話說，只要把以恐懼為基礎的觀點，轉換成以愛為基礎，就能懂得珍惜自我，而不僅是一味的看重他人，也能懂得以自己的感受為主。

我藉由改變自己扭曲的思維習慣，進而獲得莫大的療癒與安心，引領我過著屬於自己的人生。

我也把這個想法與實踐的功課分享給我的客戶。結果他們都紛紛擺脫了扭曲的思維習慣，有的人開始敢在職場表達自己的意見；有的人獲得了新的職位；有的人甚至採取行動、實現長久以來自立門戶的夢想；還有人騰出了自己的時間、專注在興趣上，甚至開始指導別人。許多客戶伴隨著笑容，漸漸打開了自己全新人生的大門。

在本書中，我把這個改變我和許多客戶人生的想法，以及我請客戶實際完成後證實有效的功課，稱之為「心靈之旅」，並將它分為七個步驟逐一介紹。過程中，我會在一旁陪著你，讓我們開始這趟心靈之旅吧！

這七個步驟大致如下（共分七章說明），請務必一一實踐，並繼續閱讀下去。

步驟一：關注現在的自己

我會分享一些實際的案例，讓我們客觀的審視一下總是以別人為優先，把自己擺後頭的人，他們的心靈狀態吧！

當你在閱讀這些案例時，請注意自己當下有什麼感受。

步驟二：回顧過去與父母之間的關係

回顧小時候與父母的關係，可以幫助你解開人際關係中的思考癖好。

與雙親的關係，深深影響著我們現有的思維習慣，讓我們找出總是以他人為優先的思維習慣根源吧！

步驟三：肯定自己的價值

既然想要以自己為優先，就必須察覺、肯定並接受自己早已忽略的價值。我會分享一些想法與方式，讓你肯定自己的努力、達到自我滿足。重點在於要能認同自己值得放在第一位。

步驟四：調整內心，學會以自己為優先

總是把自己擺後頭的人，往往會根據對方的言行，來決定自己該怎麼做，所以經常覺得自己被對方牽著鼻子走。

了解其中的原因及應對方式後，就能做好心理建設、學會優先考慮自己的感受。

步驟五：以自我為主軸，與他人往來

我們會具體談到如何在優先考慮自我感受的前提下與他人來往，也將學會如何在自己與他人之間畫出健康的界線，學會如何在付出與接受之間取得平衡。

步驟六：行不通的時候，你可以這樣做

當開始嘗試把自己放在第一位時，心情容易變得起伏不定，也會遇到行不通、想要放棄的時候。

我們會談到在這樣的狀況下，該怎麼做才能繼續以自己為優先。

另外，也會介紹一個名為「愛的眼鏡」的工具，它能夠解開總是把自己擺後頭的思維習慣。

步驟七：允許自己獲得幸福

當你不再把別人擺第一，開始優先考慮自己時，便很容易產生罪惡感。一旦有了罪惡感，就會開始顧慮他人，很難過得幸福。我會告訴各位如何在優先考慮自己的同時，也與他人保持連結，擁有幸福的人生。

實踐完這七個步驟後，你的心靈之窗將會吹進一股宜人的清新微風，不僅可以學會先照顧自己，又能擁有幸福的人生，就讓我們趕緊朝向這樣的美好未來，一起踏上心靈之旅吧！

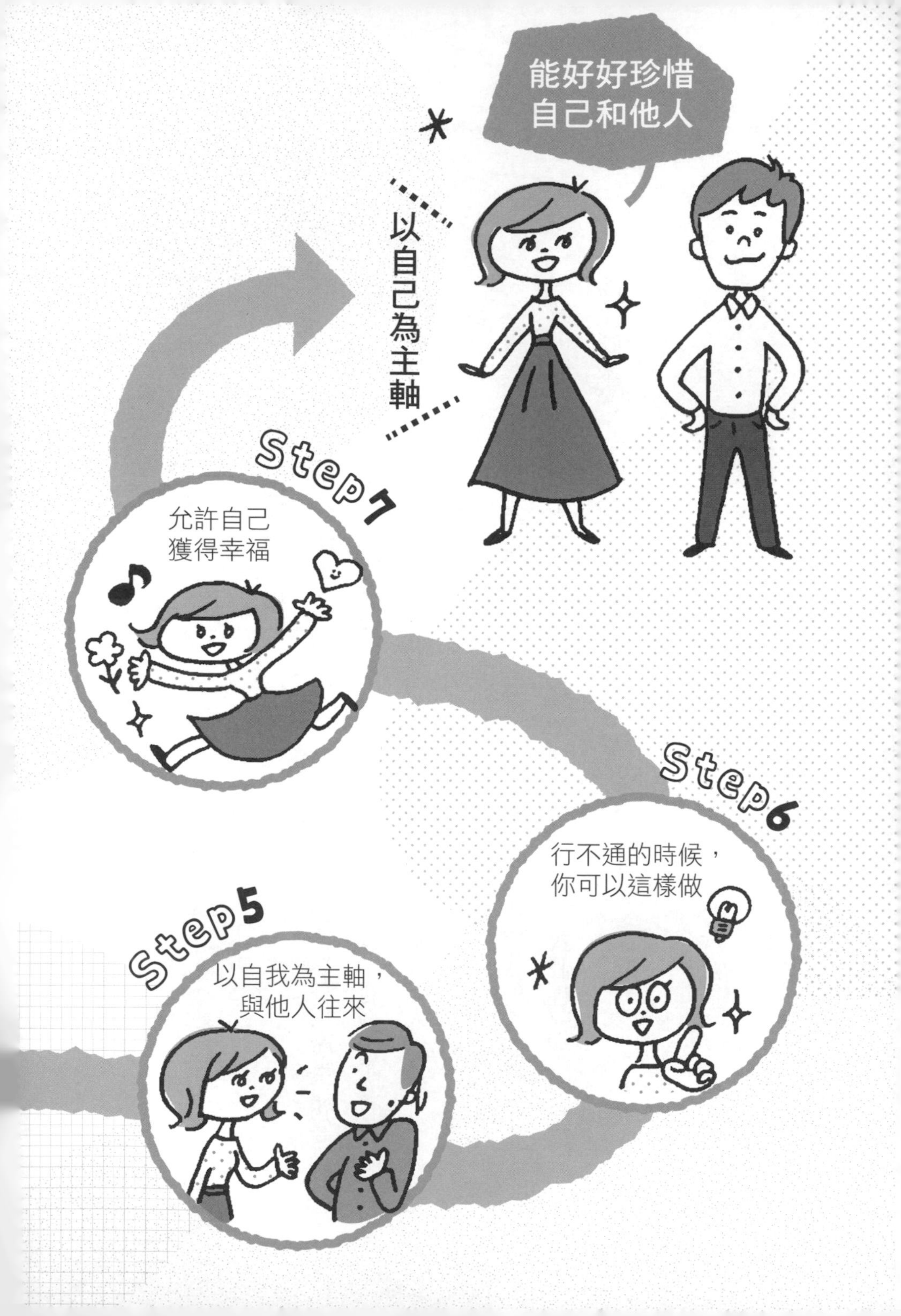
能好好珍惜
自己和他人
以自己為主軸
Step7
允許自己
獲得幸福
Step6
行不通的時候，
你可以這樣做
Step5
以自我為主軸，
與他人往來

心靈之旅地圖

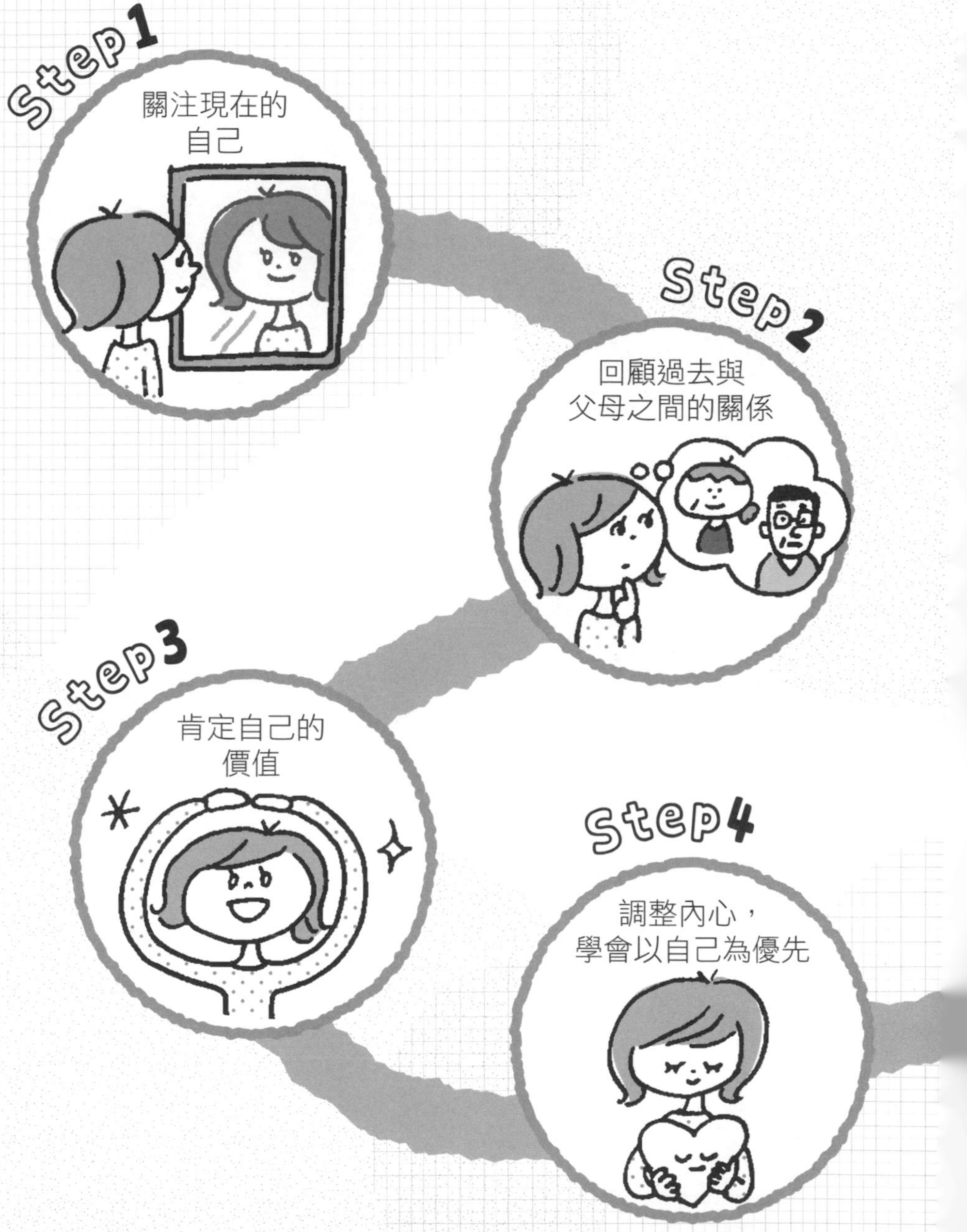
Step1
關注現在的
自己
Step2
回顧過去與
父母之間的關係
Step3
肯定自己的
價值
Step4
調整內心，
學會以自己為優先

第一章

無關乎自私，先把自己擺第一

1 總是配合別人的人，都有這樣的邏輯思維

以別人為優先，把自己擺後頭的人，注意力的天線總是朝向他人和外在，讓自己的腦袋忙得不可開交。

他們會察覺對方的處境和感受：「雖然這其實不是我想做的事，但因為對方應該是這麼想的，所以我就這樣做好了。」會像這樣，先考慮對方，再決定自己的言行。

這種生活方式就是以他人為主軸。所謂以他人為主軸，就是把標準放在「別人會怎麼想」、「別人會怎麼評價我」，來決定自己的一舉一動。

如果我們的生活總是以他人為主，就很難說出心中的想法，也很難按照自己的想法行動，總覺得人生明明是自己的，卻沒辦法照自己想要的方式過活。

在第一章，讓我們先從關注自己的「內在」開始！藉由這個步驟，能讓總是以他人為優先的人重視自己的感受、建立豐富的人際關係，並按照自己想要的方式生活。

我會分享一些客戶的案例，他們因為總是太過顧慮別人而十分煩惱。讓我們看看這些當事人都擁有什麼樣的心理狀態，又因為什麼思維習慣造就了他們這樣的心理。

請回想一下自己是否也有類似的經驗。如果是你，又會採取什麼思考方式或行動，同時請繼續閱讀下去。

‧案例一：無法拒絕別人的請求，只好照做

這是某位女性在職場上的經歷。

「同事常常在我準備下班回家的時候，託付工作給我。雖然對方看起來很辛苦，我也很想幫忙，但我今天已經很累了，只想趕快回家休息。不過我卻拒絕不了，因為我擔心如果一旦拒絕，就會失去自己的容身之處，或者被認為沒有存在價值。

「在我疲憊的時候，我沒有力氣拒絕，結果託付給我的事情越來越多。如果放棄掙扎、承擔下所有任務，我只會變得更累，回到家後就倒頭大睡。」

總是以別人為優先的人很善良，觀察力也很敏銳，所以能輕易的設身

處地、理解對方的處境。因此，只要有人一拜託，就算自己很辛苦，也往往拒絕不了。

她越是聽對方講話，就越是拒絕不了，因為即便對方沒開口，她也會考慮到：「他看起來很辛苦，我應該幫幫他。」「如果我幫他完成這個部分，事情就能早點結束。」

敏銳的觀察力雖然是一種強項和優勢，但如果你太想要討好對方，而忽視自己的感受，可能只會把自己弄得疲憊不堪。

像她一樣、會連帶考慮對方處境的人，都抱持著一種思維習慣——害怕如果不回應對方的需求，自己就會失去容身之處，或許下次對方就不會再向自己搭話了；或是擔心別人會認為自己沒有存在的價值。

一旦養成這種思維習慣，我們往往會強迫自己多做一些事情，讓自己承受巨大負擔。

・案例二：因為不想破壞和諧的氣氛，所以保持沉默

以下是某位男性的經歷。

「我參與了一個新的專案，要開很多會，但我會猶豫要不要當場表達自己的意見。我會思考對方想要什麼或期望什麼，擔心自己如果表達不同的意見，會搞得對方心情不好，或把氣氛弄僵。雖然最後我還是附和了別人的意見，但我很討厭不敢表達意見的自己。」

這位男士自己塑造了一個狀況，以他人意見為優先，卻把自己的意見擺在腦後。其實不僅在職場上，每個地方都會有人和你想法不同、價值觀不同。

讓別人優先於自己的人，正是因為了解別人的意圖和期望，不想讓對方不高興，也不想破壞和諧的氣氛，所以在行事上會盡量避免堅持己見。他們認為，如果以對方為優先，可以讓場面團結一致、皆大歡喜的話，這樣會比較好。

抱持這種心態的人，都有一種思維習慣——不願意打破和諧、害怕製造對立和衝突。一旦養成這種思維習慣，我們往往會把想說的話吞回肚子裡去，憋在自己心裡，最後形成壓力。

・案例三：顧慮太多、沒辦法說出自己的期望

以下案例中的女性總是以家人的意見為優先，不敢表達自己的意見。

「週末全家出門吃飯的時候，想到老公平日那麼忙碌，我都會先問老

公想吃什麼。但因為老公和兒子想吃的東西經常不一樣，就會發生一點小衝突，每次都只好由我居中協調。這陣子我已經澈底成了一個協調員，家裡再也沒有人會問我想吃什麼，總覺得好悲哀。

「另外，住在附近的公婆偶爾會邀我去吃飯，但是就算他們問我想吃什麼，我也不敢表達意見，只能反過來徵詢他們的想法。最近公婆則完全不問我意見，而是會在決定以後，才聯繫我說要去吃某家餐廳。」

因為太過體貼對方，反而被認為沒有自己的想法和主見，結果再也沒有人在乎她的意見了，真是痛苦的經歷。就算對方表示「不要客氣，儘管挑你喜歡的」，也會推辭「我選哪一個都無所謂」、「我挑你們挑剩的就可以了」。或者即使覺得某樣東西不錯，也會為了體貼別人，選擇看起來最不受歡迎的那個，這其實都是同樣的道理。

當別人詢問你的想法和意見時，如果你一直不明確表達，或是模糊的回答：「我隨便都好，交給你決定。」這樣一來，對方就會認為你是「什麼都好的人」、「沒有主見的人」。接著他們就會覺得問了也是白問，甚至不會想到要徵詢你的意見。

像她這樣不敢表達自己想法和意見的人，都會習慣性的認為：「自己不值得放在第一位，所以別人不優先考慮自己的意見也無所謂。」一旦養成這種思維習慣，就算你遷就別人，心裡也會不自在，還會讓你感到不滿和孤獨。

・案例四：為別人努力過頭，卻忽略了自己的需求

以下分享的經歷，是關於某位有兩個小孩的職業婦女。

「我每天的生活都圍繞著家庭打轉。我要上班、做家事、接送孩子上才藝課，還會因此累得不小心睡著。這些都是我期望投入的事情，透過孩子的才藝課，我的世界也更開闊了，這真是有趣，但我也很難擁有自己的時間。

「我會和孩子一起睡，但早上醒來時，我卻發現自己睡在棉被的邊緣，我也很驚訝自己竟然能睡在這麼狹小的空間裡。雖然我不會因此覺得反感，但每天持續下來，看著老公一個人在旁邊睡得這麼舒服，我開始怨恨起他來。

「我已經在不知不覺中迷失了自我，『我活著的樂趣是什麼？』就這樣看著孩子長大？這的確是我最大的樂趣，但我又會覺得，難道這樣子就夠了嗎……？」

我再分享另一個案例，這是一位捨不得在自己身上花錢的女性。

「如果是為了孩子，我會毫不猶豫的花錢；但如果是自己想要的東西，我就會忍住不買，甚至克制到自己還會納悶：『我上次幫自己買東西，是什麼時候的事了？』

「即使是必需品，如果是自己要用的東西，就會想著能不能再省一點，對花錢十分謹慎，就算不是自己真正想要的，也會妥協的告訴自己只要便宜就好。」

想必很多人都像前述兩位女性一樣，尤其是擁有家庭之後，就覺得自己的事情似乎不再是優先了。之所以會有這種感受，就表示你太過遷就別人，這也意味著你放在自己與對方身上的注意力失衡了。

容易陷入這種狀態的人，思維上都經常認為：「以別人為優先，也是情非得已。」一旦養成這種思維習慣，即使自己再累、累得已經超出負荷，也會遷就別人行事。然而，因為缺少自我空間，所以就算一開始是自己心甘情願投入的事，也會在某個時刻感到不合理和委屈，心中產生不滿和空虛。

・案例五：不擅長拜託、依賴別人

這是某位女性的情況，她總是習慣獨自承擔一切。

「每當我想要請別人幫忙的時候，腦中就會立刻浮現負面的想法，像是可能會給別人添麻煩、可能會被拒絕、別人會擺臭臉等。光是想到就覺得很麻煩，結果最後不管自己有多麼辛苦、多需要其他人的幫助，都不會開口向別人尋求協助。

「最近，我已經完全不想再找別人幫忙了，因為我過於在意對方的情緒，比如說對方是否會感到不愉快等，這讓我覺得很疲憊。無論工作還是個人生活都是如此，雖然自己一個人做起來很辛苦，但這樣一來，心情也會比較輕鬆。」

總是應先考慮別人的人裡面，也有許多能幹的人，就算不拜託別人幫忙，也能獨自完成工作。所以即使有人問他們：「需要我幫忙嗎？」他們也會回答：「不用、不用。」

這種人可能會因為覺得難以拉近與別人的距離、無法加深與他人的關係，進而感到孤獨。很多人往往會想太多，在意對方會怎麼看自己，以至於開口拜託成了件麻煩事；或者就算要請別人幫忙，也會考慮到對方的種種反應，思考該如何開口，結果話反而說得過於迂迴。

這樣的人往往會想著：「我忍耐一下就好了。」一旦養成這種思維習慣，剛開始可能會覺得別無選擇而默默承受，但因為他們把自己逼得太緊，漸漸的就會越想越生氣，覺得對方很厚臉皮。此外，如果這種情況再持續下去，認為只有自己在犧牲的感受，也會越來越強烈。

．案例六：相信以他人為優先是好事

這是某位女性的故事，她過去以來一直認為優先考量他人，把自己擺後頭，是十分理所當然的。

「我總覺得，從小父母經常稱讚我，我也從未做過自己想做的事。在無意間，我總是關注周遭人更勝過自己，十分在乎別人的情緒，還覺得這

是好事。

「我經常會盡可能的為他人著想，像是朋友有值得慶祝的事，便少不了送禮，但也只會收到對方一聲『謝謝』，完全不會獲得相同的回報。我總是盡心盡力為朋友著想，對方卻沒有給我相對等的回饋，讓我不禁感到非常失望，認為付出沒有得到回報。」

如果你真的打從心底認為應該把對方擺第一的話，就不會認為都是自己在隱忍，或是對方都沒有回饋，只有自己吃虧。抱持這種想法的人，往往會認為：「把自己擺第一不是好事，這是任性且自私自利的行為，我不應該這麼做。」一旦養成這種思維習慣，就會越來越搞不清楚自己真實的感受是什麼。

到目前為止，我們分享了六位朋友的案例，他們都無法以自己的感受為優先。讀過之後，你覺得如何？

許多人都像以上這幾個案例一樣，總是顧慮別人，沒辦法把自己擺第一。各位可能覺得自己也正在經歷相同的事、曾有類似的經驗，或者與自己的情況不盡相同。我們之所以老是以別人為優先，把自己擺在後頭，是基於什麼樣的思維習慣呢？不妨回頭想想平時的自己。

當回顧自己的狀況時，可能會覺得心情不太好、感到有些難過，也有人會認為自己真沒用。但無論出現什麼念頭，都不要去否定自己，只需要溫柔的接受：「原來現在的我是這麼想的。」首先，只要能注意到自己的思維習慣，就足夠了。

2 收回情緒的觸角，學習關注自己

回顧一下平時的自己。或許有人已經察覺到，自己每天非常勞心費神，從而感到疲憊、想要休息一下了。

有位女性曾說：「我整天忙於工作，沒有時間慢慢思考自己的感受，這種狀態持續了太久，我覺得自己正被負面思維的漩渦吞噬。」

這是因為，總是以別人為優先的人心思細膩，對於周遭人的狀況十分敏感，甚至會費心思索未來的事，所以腦袋總是轉個不停。因此，稍微停下來、花點時間與自己相處便十分重要。因為在與自己相處的時間裡不需要顧慮他人，這也是你以自己為優先的時光。

以下將介紹兩個方法，可以立即讓你的意識轉而關注自我內在，而不再總是朝向外在、關注他人的感受。

一、深呼吸

重置注意力最簡單的方式，就是深呼吸。

深呼吸是隨處皆可進行、輕鬆的方式。但為了能以放鬆的心情，把注意力轉向自我，初期建議各位在一天結束後，待在一個不需要顧慮周遭人目光、安靜的環境裡，像是自己的房間或空無一人的客廳，關掉電視、廣播或音樂後再進行。

習慣了之後，也可以在白天、配合自己的時間進行。只需要一到兩分鐘，在這段時間裡，專心的把注意力拉回自己身上。

1坐在椅子上，放輕鬆、腰背挺直，雙手掌心朝上，分別放在左右大腿上，接著閉上眼睛。

2慢慢的從嘴巴把氣全部吐出來，就算覺得已經吐完了，也再多吐一口氣。

3把氣吐完後，一邊從鼻子吸氣、一邊慢慢的在腦海中數到七。

4接下來，一邊和緩、細長的從嘴巴吐氣、再一邊慢慢的在腦海中數到七。

5重複前兩個步驟，約五到六次。

一邊把注意力集中在吸氣、吐氣，同時盡可能緩慢的進行。重點是當你在吐氣時，要想像疲勞隨著氣息從體內排出，確實的把氣吐完。當你深

深呼吸能幫助你重置注意力

Point 1

建議大家不妨想像自己身處在舒適的地方，或是你喜愛的場所來進行。

Point 2

想像疲勞隨著氣息，從自己身體吐出，注意要把氣吐完。

慢慢把氣從嘴巴裡全部吐出來。接下來，一邊慢慢的在腦海中數到七，一邊從鼻子吸氣。

一邊慢慢的在腦海中數到七，一邊和緩、細長的從嘴巴吐氣。重複這個動作五到六次。

呼吸時，應該會感覺到內心逐漸平靜，身體也變得更輕盈。

只要把注意力集中在呼吸上，朝向外在的注意力就會回到自我內在。

深呼吸的時候，建議各位想像自己身處在一個舒適的地方，或者是你喜愛的場所，例如在做森林浴時大量吸收負離子，或是在你一直想去的海灘放鬆等。想像自己在一個覺得舒適的場合，不僅能讓身體放鬆，注意力也會更貼近自己。

二、慢慢品味啜飲

慢慢的花時間品嚐一杯溫暖的飲品，像是茶、咖啡、紅茶或花草茶等，讓自己喘口氣，重新調整你的注意力。

你可以用你喜歡的杯子，享受香氣、味道、溫度、杯子的觸感和外觀，充分運用你的五感，品味各種感受。在這段時間裡，朝向外在的注意力便會回到自己身上，你也能夠與自己好好相處。

哪怕只有三分鐘或五分鐘，我都會盡量請客戶先花時間、慢慢啜飲溫暖的飲品。你可能會懷疑：「只要這樣就行了嗎？」其實很多實踐過的人都說「內心放輕鬆了，開始有餘裕反思自己」、「一直在腦海中轉個不停的思緒，開始平靜下來」，成功的把注意力拉回自己身上。

「深呼吸」、「慢慢品味啜飲」，兩者的關鍵是將感覺集中在行為本身，同時把意識集中在自己身體的感受。

這個步驟就到此為止。不妨對著平時總是配合他人、不斷努力的自己，以及做完這個步驟的自己，說聲「辛苦你了，今天也很努力呢」，好好鼓勵一番。

在第二章中，將針對「不知不覺就把自己擺後頭」的思維習慣，回顧過去與父母的關係，同時尋找認識自我的全新線索。

這些功課幫助你學會以自己為優先 1

在第一章，我們談到為了以自己為優先，把注意力拉回自己身上有多重要。為了幫你關注現在的自己，建議各位不妨試著做以下的功課！

1 你在什麼時候，會覺得自己正在配合別人，忽視了自己的感受？你認為自己總是以別人為優先，是出於哪一種思維習慣？回顧一下平時的自己。

2 用放鬆的心情，做五到六次深呼吸。

3 挪出時間，慢慢品嚐一杯溫暖的飲品，用心善待自己。

第二章

父母的情緒，不是你的情緒

1 從什麼時候開始，你不再把自己擺第一？

在第二章中，我們將會回顧自己的過去。

在第一章，我們談到人們之所以會以別人為優先、把自己擺後頭，是因為以下這些思維習慣造成的：

「這樣做比較好，所以我應該這樣做。」

「如果我不這麼做，別人就會討厭我。」

「如果以自己的希望為優先，就會破壞和諧的氣氛、很麻煩。」

這些思維習慣，原因往往在於「過去」。

如果詢問這些煩惱著自己總是會顧慮他人情緒，而前來諮詢的人：「這是從什麼時候開始的？」他們大都會告訴我，是從小時候就開始的。當我進一步詢問細節，許多人都提到了他們與父母的關係。

習慣把自己擺後頭的人，可能是由於小時候反覆經歷過不得不讓別人優先於自己的情況，形成了凡事先考慮他人感受的思考和行為模式。無論過去的經驗是好是壞，人們的生活都會受到經驗的影響。話雖如此，在此不是要去分析過去的回憶來尋找原因。

在第二章，將會以你小時候與家人的關係及回憶為中心來回顧，只要把注意力放在孩提時代的自己身上，感受到「啊，確實曾有這樣的事」，這樣便足夠了。有些人可能不太願意回顧自己的童年，或者不肯回想不愉快的回憶，如果在過程中覺得不愉快，也請你溫柔的接納這樣的自己。

2 與父母的關係是主因

當我們探討自己的行動是基於何種思維習慣時，可以從小時候與父母的關係中獲得很大的啟發。因為感覺上較親近，在緊密相連的親子之間，往往容易展現出自己的思維習慣與行為模式。

以下我們會舉一些案例，看看以別人為優先的人，小時候與父母的關係如何。也請你在閱讀這些案例時，試著回想自己與父母之間的關係。這將成為一個契機，讓你了解過去與父母的往事、經歷，如何影響自己現在的思維。

・案例一：無法向媽媽撒嬌

就像我們在第一章回顧的一樣，總是以別人為優先、把自己擺後頭的人，其中一種行為模式就是不善於拜託或依賴別人，換句話說，就是不知道如何開口向別人求助。

我和他們談話時，大部分的人都會提到，他們不記得小時候自己曾向父母撒嬌。有一位女性無法開口對別人說「拜託你」、請別人幫忙，她告訴我，她不記得自己曾經從母親身上獲得愛。

「小時候媽媽很嚴厲，常常罵我要『規矩一點』，我總覺得自己的一言一行被人監視著。我開始覺得自己不該嬉笑玩鬧，如果不做一些有益於別人的事，就會被罵。

「除此之外，因為我是個好奇寶寶，所以會一直問媽媽：『為什麼？

為什麼呢？』我問了媽媽很多問題，但往往得不到回答。我希望母親能多抱抱我，對我說『我了解』，但是就算我哭了，媽媽也沒有來安慰我，更從來沒有誇獎過我。」

我再與大家分享一個案例。

某位女性不知道如何尋求別人的幫助、往往一個人承擔家事和工作。她如此回顧自己與母親的關係。

「雖然以往我都不曾意識到這一點，但現在回想起來才知道，我小時候沒辦法向媽媽撒嬌。我覺得媽媽忙於家務，根本沒有任何空閒。弟弟出生後，媽媽又生病了，我還被送到親戚家住了一段時間，所以我沒有媽媽曾溫柔對待我的記憶。」

如果你出於某些原因，無法向父母撒嬌，像是他們太嚴厲或者太忙碌，以至於無法陪伴、照顧你，這也難怪你不知道該如何拜託或依賴別人了。如果一個人極度缺乏撒嬌的經驗，內心深處就會累積起「自己不值得被愛」、「這樣的我沒有任何價值」等念頭。

沒辦法撒嬌的經驗，會導致你養成以下這些思維習慣：「我要是拜託別人的話，會不會給別人添麻煩？」「這樣的我，怎麼能以自己為優先……。」當一旦養成這些思維習慣，就算曾動念、想要拜託或依賴他人，最後也只能擁抱寂寞，孤軍奮戰。

．案例二：明明想讓父母開心，結果卻事與願違

一位女性向我訴說了她小時候的經歷。

「當我費盡心思、準備禮物送給媽媽，希望她開心，結果她非但不高興，反而向我抱怨這不是她喜歡的東西。於是後來我更精心準備，結果還是被她抱怨，她甚至會說她不需要。之後我絞盡腦汁、準備了許多自認為不錯的東西，但每次都無法取悅她，不斷遭到拒絕。我覺得我的心意彷彿被踐踏了，因為不管我多麼努力，都沒辦法讓她高興的收下禮物。」

不管多麼努力，都無法滿足母親而產生無力感，再加上試圖取悅母親，卻無法讓對方接受自己的心意，這種經驗導致她長大之後害怕被周遭人討厭。

一旦養成這種思維習慣，為了避免別人討厭自己，會讓當事人過度在乎對方，結果就會越來越覺得：「我這麼努力，對方卻無動於衷。」便開始對毫無感覺的對方心生怨懟，不再想著要得到對方理解，無意間關上了自己的心房，以免受到更多傷害。

·案例三：因為不想讓父母操心，所以一直以來選擇當乖孩子

「以前覺得媽媽很辛苦，所以我忍住了想要撒嬌的欲望，努力照顧兄弟姐妹，就算在學校發生了不愉快的事，回到家以後也會表現得很開朗。

「即使媽媽說要買我想要的衣服和東西給我，但一想到媽媽可能會因為缺錢而煩惱，我就會推辭說：『不用、我不需要。』因為我不想讓媽媽為難……。」

就算面對家人，這位女性也會像這樣謹慎、推辭。她說她想幫母親的忙、不給母親添麻煩，因為出於如此體貼的心，讓她不敢像孩子般任性。

這樣的童年經歷，會導致當事人開始認為：「因為不想造成對方困擾，所以我要忍耐。」這種思維習慣會讓人不敢表達自己的渴望和真實的感受，即使想要某樣東西，也會說自己不需要，客氣到不敢接受別人的好意。因為過於體貼對方，使得行為模式總是以別人為優先。

・案例四：父母感情不和，常常被迫要聽他們抱怨或說對方壞話

某位女性回顧自己小時候的家庭關係後，與我分享了以下這段經歷。

「爸爸因為忙於工作，大部分時間都不在家，媽媽常常因此抱怨或發牢騷，而且媽媽和她自己的兄弟姐妹感情也很差，動不動就在當時還是孩子的我面前吵架，我真的很討厭被迫看大人爭吵。

「我是長女，一直扮演著聆聽媽媽抱怨的角色，也要負責照顧弟弟和妹妹，從小到大，維持家庭和睦對我來說十分重要。其實在我讀大學的時

候，我就不想再扮演這種角色了，也曾試圖反抗，但是沒有成功。即便我如今已經成年，每次回老家的時候還是很累。因為我要觀察媽媽的感受和處境，提前採取行動，以免惹她不高興。」

如果父母感情不和睦，孩子可能會試圖改善情況，像是聆聽父母抱怨、鼓勵父母、當他們的商量對象，承擔起大人的角色。

這位女性從小開始就非常努力扮演這類角色。她時常關心母親的狀況，在家庭中奔波勞碌。對她來說，以別人為優先是為了扭轉如抱怨、發牢騷和吵架等自己不想再面對的處境，而想出的辦法。

孩子希望父母和睦相處，所以自己當起了家庭的協調員，這是孩子出於愛的表現。這樣的經歷，會導致當事人逐漸開始認為：「只要大家能好好相處、氣氛和諧，自己犧牲一點也無所謂。」

一旦養成這種思維習慣，會讓當事人關心身邊的人勝過自己，氣氛和諧成了心中最優先的考量，哪怕這只是權宜之計。為了避免所處的環境中形成不安的氛圍，當事人常常會努力配合別人、提前掌握狀況，承擔大家都不太願意扮演的吃虧角色。

・案例五：父母是可怕的控制狂，讓我總是提心吊膽

爸爸會大吼大叫、酗酒鬧事動粗；媽媽會打人、施以言語暴力、試圖掌控一切，只要事情不順她的意，就會突然發火。有些人或許就是在這樣的環境下度過童年。

在這種環境下長大的孩子，因為怕惹爸媽不高興，所以生活過得提心吊膽，總是緊張兮兮。

有一位女性，她的母親常責罵她「廢物、真沒用」，不管她想做什麼，母親都會對她說「妳根本沒有那個資格」。她說：「因為害怕給別人添麻煩，所以我一直沒辦法做自己想做的事，我越來越不了解自己想要什麼，不知道該如何是好。」

情緒化、控制欲強烈的父母，會試圖讓孩子屈服於自己的想法。孩子如果在這種父母的影響下成長，無論多麼努力想以自己的感受為優先，也往往會受挫。這樣的經歷，會讓孩子十分在乎他人的看法，認為如果做了自己想做的事，可能會遭到斥責或惹人厭。

一旦養成這種思維習慣，就會讓人不敢去做自己想做的事，壓抑住「我想要這麼做」的念頭，也越來越搞不清楚自己真正想做的事是什麼。就算知道自己想做什麼事，「這不可能、我做不到……」等自我放棄的思維也會占上風，讓人不敢冒險嘗試。

各位覺得如何？以上的案例是否讓大家回想起自己和父母的關係？從

每個案例中都可以看出，孩子很愛自己的父母，而且是無條件的深愛著，所以才會努力當一個乖小孩，不想做出讓父母頭痛的事。

他們之所以會在小時候忍受孤獨，在乎父母的想法，也是希望看到父母的笑容，想讓他們獲得幸福。不要忘了，之所以習慣以別人為優先、把自己擺後頭，本來就是一種由愛而生的行為。

到目前為止，我們回顧了與父母的關係，在閱讀的過程中，有些人可能也會想起自己與祖父母或兄弟姐妹的關係。如果是這樣的話，各位可以藉由回顧自己與祖父母、兄弟姐妹的關係所喚起的回憶來重新審視自我。

3 我好沒用症候群

我們藉由回顧與父母的關係可以了解，人的童年其實受到父母很大的影響。

透過父母告訴你的事情和自身的經歷，你便開始認為「我不被大家肯定」、「如果不照父母的要求去做，別人就不會接受我」、「我只會給別人添麻煩」，這些便會成為基於恐懼的扭曲思維習慣。

如此一來，人們就會深信真實的（原本的）自己好沒用、自己缺少些什麼，還會下意識的在腦海中反覆播放這些話。尤其在童年時期，我們會覺得父母就是全世界，所以會以自己的方式不斷吸收、「解讀」父母的話語以及藉由經驗獲得的訊息，並累積在腦中。

隨著逐漸成長，當我們接觸到更多來自學校和朋友等外人的批評勝過於稱讚時，就會助長「我好沒用」、「我得要成為更好的自己」等自我否定的想法萌芽。

如此一來，就會在不知不覺中認定現在的（真實的）自己好沒用，這種念頭也會成為思考一切事物的基礎。我把這種狀況稱之為「我好沒用症候群」。

一旦「我好沒用症候群」這種自我否定的想法過於強烈，人們就會開始漠視或扼殺自己內心的聲音，努力配合對方的需求和想法，想辦法獲得別人的肯定與接納。

如果這種負面態度成為常態，即使想以自己的感受為優先，也很難付諸實行。就算真的做到了，也只會讓你產生罪惡感。這是因為背後隱藏著負面想法，如「像我這種人，竟然還把自己擺第一，真是太不知羞恥了」、「原本的、真實的我是不被接納的」等。

在日常生活中，我們也會萌生這些念頭：

「為了不讓對方討厭我，我得要配合對方的要求。」

「如果表達真實的感受，可能會讓對方不愉快，還是別說好了。」

「因為怕對方會離開我，自己會受傷，所以不願說出內心感受。」

「就算被我這樣的人邀請，對方可能也不會高興，我還是不要和對方搭話好了。」

當腦海中出現這些念頭，只需要原原本本的接納「原來（我）不想被討厭」、「原來（我）很擔心對方會覺得自己是累贅」等想法就好了。

誠實接納自己腦海中的想法吧

許多無法把自己擺第一的人，都得了「我好沒用症候群」。這種毛病的本質，不代表你真的很沒用，只是你的腦海裡存在這些想法，而你也相信罷了。

換句話說，認為自己很沒用，只是種扭曲的思維習慣。你可以透過回顧與父母的關係察覺到這一點。接著意識到：「什麼，原來我只是得了『我好沒用症候群』啊。」你就能掙脫這層束縛，學會肯定自己。

這些功課幫助你學會以自己為優先 2

在第二章中，我們回顧了自己與父母的關係，發現了過去與雙親之間的關係，會如何影響以別人為優先、把自己擺後頭的思維習慣。建議各位不妨試著做以下的功課。

1 小時候和母親的關係如何？試著寫下讓你印象深刻的事情。

2 小時候和父親的關係如何？試著寫下讓你印象深刻的事情。

3 回想一下，你是否曾經對父母太過客氣、十分在乎他們的想法，而且會壓抑自己的情感、總是以別人為優先？

第三章

把自己擺第一的練習

1 重視內心真實的感受

在第二章中，為了尋找線索、跳脫自己的思維習慣，我們回顧了小時候與父母的關係，並以客觀的角度來檢視。也了解人們之所以不以自己的感受為優先，是因為得了「我好沒用症候群」，長期以來一直忽略自己的價值。

受這個毛病影響，導致我們深信自己一文不值，如果一直忽視自己的感受，只會讓心靈逐漸枯竭。而當心靈枯竭殆盡時，我們便會感到困頓和苦悶，不知道自己真正想做的事情是什麼。

如此一來，也讓人越來越難以自己為優先，而總是配合別人。總是配合別人的人，會預測對方的反應、感受甚至情緒，從而決定自己該如何行動。如果學不會肯定自己的價值，一言一行都會以他人為中心，只知道考慮別人的感受和反應，卻不懂得傾聽自己內心的真實感受。

明明應該要成為自己最好的夥伴，卻無視內心的聲音，這無疑是在背叛自己，所以當然會感到痛苦。

要確保以自己為中心，並學會把自己擺第一，重點在於肯定自我以往被忽略的價值，不再認為自己一文不值，才能充實枯竭的心靈。唯有如此，你才能察覺到自己的真實感受。

在第三章之中，我們會談到如何做到這一點。

2 內心的富足只有自己能填滿

首先，我們檢視一下自己現在的心靈狀態。

如果把心靈十分富足視為杯子完全裝滿水的狀態，那麼你覺得現在你心中的杯子裡，裝了多少水？不需要想太多，只要憑直覺回答就可以了。

當我詢問客戶這個問題，很多客戶都會回答兩到三分滿。也就是說，他們的心靈只有兩到三成的滿足感。心中的杯子裡水越少（心靈越缺乏滿足），你的心靈就越枯竭，也會感到疲憊。

因此，當水變少的時候，就需要藉由充實自己的心靈，來填滿杯子裡的水，像是享受嗜好、好好休息、品嚐美味的食物，或者找人聊一聊。

然而，總是以別人為優先、把自己擺在腦後的人，無論自己心中那杯水的水位有多低，都不會優先填補自己的心靈，而是選擇去配合別人。如此一來，水自然就會變得更少，這等於是把自己心中的水（富足）送給其他人。

如果你把水倒給別人，但自己還是能增加內心杯子裡的水，那就沒有問題。但如果你想找人幫你填補，那是行不通的，因為你不知道對方會不會像你一樣，願意與別人共享心中的水，也和你分享他的水。

在我們的內心，正運作著名為「投射」的法則，讓我們認為對方的想法會與我們一樣。

「如果是我的話，如果對方為我這麼做，我一定會察覺到」、「如果是我的話，如果對方這樣告訴我，我會思考一下其中的意義，再貼心的和

你心中的杯子裡，現在還剩多少水？

對方確認」，因為這份細心和體貼對自己而言是理所當然的，所以我們會認為對方也應該這樣對待自己。

然而在現實中，情況往往並非如此，因為不是每個人都像自己一樣敏銳和體貼。一旦得不到期待的反應，我們或許會生對方的氣，覺得只有自己像笨蛋一樣，或是感到空虛，覺得無論自己多麼努力，都得不到回報，也可能會因此而悲傷，認為對方不了解自己。

另外，當我們把自己擺後頭，優先考慮別人時，不代表他們也會注意到你的行為，更別說覺得開心或感謝了。不管是出於細心和體貼的行為，或是為了取悅對方所做的事，很可能根本無法傳達到對方的心裡。他們非但不會感激，反而還可能投以抱怨或挖苦的話語。

你是否也曾有相同的經驗？這種情況只會讓人更疲憊不堪。

如果想在分享的同時，確保自己的心靈不致枯竭，就必須自己補充水到心中的杯子裡，後續內容將會告訴你具體的做法。

3 總想「我怎麼可以……」，但為什麼不可以？

「像我這種人，如果和別人搭話，對方一定會嫌我煩，所以我不敢主動上前搭話。」

「像我這種人，不配做自己想做的事情。」

「像我這種人，要是跟朋友求助，只會給朋友添麻煩。」

你有沒有發現，自己已經把「像我這種人」當成口頭禪了？

你之所以會擔心別人覺得你很煩、不值得，怕給別人添麻煩，是因為曾經有人對你說過這些話嗎？

這是一位女性客戶的故事，因為她太過遷就家庭，總是把自己的需求拋在腦後，因此拖著疲憊不堪的心靈前來諮商。

我問她，現在心中的杯子裡裝了多少水，她回答兩、三成左右，為了讓她充實心靈，我建議她練習以自己為優先。

她立刻前往附近的豪華公共浴場泡湯，泡完以後發現自己非常滿足，於是隔天也去了同一家浴場。當我詢問她的感受時，她說：「我開始萌生罪惡感，像我這種人……。」進一步追問之下，她回答：「像我這種人，怎麼可以在老公上班的大白天，連續兩天去豪華公共浴場泡澡……。」她說她只有偶爾打打工而已，卻接連兩天去豪華公共浴場，這讓她感到很內疚，即使從來沒有人曾經對她這麼說。

總是以別人為優先的人，心裡都會這麼想，認為「像我這種人」不配實現自己的心願，總是對自己內心的渴望說「等一下」。

如果你總是認為「像我這種人……」，投射法則（請參照本書第八十一頁）會讓人覺得周遭人都認為自己是個一文不值的人，因為在乎他人的眼光而無法積極行動。如此一來，無論你往心中的杯子裡倒了多少水，你的心靈都無法因此滿足。因為堅信「像我這種人（一文不值）」的人，正是你自己。

我們必須擺脫這種想法，而方法也很簡單。

當腦中浮現「像我這種人……」的負面念頭時，只要意識到自己腦海現在正出現「像我這種人……」的自卑想法，也不必因此而自責。當你注意到這一點，只需要承認：「啊，我又開始有這種念頭了。」這樣就好。

只要持續下去，過不了多久，你自然就不會再陷入這種自卑的念頭中。接下來，你會漸漸感受到自己是很重要的。

先前提到的那位女性就表示，當她學會肯定自己的感受之後，了解自己不需要有罪惡感，也不再抓著這份情感不放了。因此，每當浮現「像我這種人怎麼可以……」的念頭時，不妨暫時停下腳步，接受並承認自己的真實感受吧。

4 為別人付出那麼多，該是時候愛自己

總是以別人為優先的人，就算自己忙得不可開交，也會為別人盡心盡力，有許多案例甚至誇張得讓我驚訝：「你人也太好了吧！」而且他們經常會說：「沒有，我又沒做什麼大不了的事。」「雖然辛苦了一點，但這是我能力所及的，所以沒關係。」明明為別人付出了很多，不管是為自己還是別人都盡心盡力，卻認為這是一件非常普通的事。也因為如此，很多人無法肯定自己的努力或鼓勵自己。

你是不是只會注意自己做不好的地方或者是不足之處，而非自己做得

好的事情，把自己逼得越來越緊，總覺得「這樣還不夠好」、「這樣還不行」？如果看不到自己身上的優點，也難怪你無法察覺自己的價值。

但是請你仔細想想。到目前為止，你已經為別人付出了這麼多。例如我們在第二章回顧了與父母相關的記憶，接下來請你回想一下：

- 因為不想讓忙碌的媽媽擔心我，雖然我真的很想告訴她我很寂寞，但我還是試著忍耐，一個人撐了下來。
- 我經常聽媽媽抱怨。
- 我居中協調父母的關係，為了看到他們展露笑容而勞心費神。
- 我為了幫媽媽的忙，所以會努力做家事，像是洗碗和煮飯，也會照顧兄弟姐妹。

你已經很努力了，儘管當時只是個孩子。

就算已經成年了，在忙碌之餘依舊會掛念自己的父母，所以會回老家看看，或者幫他們處理事情。

這樣的你，在職場上是不是也常幫助看起來無法按時完成工作的人？或是為了保持整體工作順利進行、若無其事的完成自己注意到的待辦事項，或者承擔其他人不太願意做的工作，因而不遺餘力呢？

也許你曾經把朋友的煩惱當成自己的事一樣操心，並提供幫助。又或者，你也曾經為了家庭，每天辛苦的工作、做家事。到目前為止，你一定做過很多這類的努力吧？

你肯定這樣的自己嗎？曾經鼓勵過自己嗎？

你給予別人那麼多的愛，應該有許多人都曾接受你的幫助。有時候對方可能會感謝你。相反的，有時候你也沒能得到預期中的反饋。

無論對方的反應如何，事實就是你為許多人付出了心力，你做了很了不起的事情。

身為最支持和理解自己的人，現在請你在心裡對自己說一些鼓勵的話，像是「真是辛苦你了」、「你做得很好」等。現在是時候把你曾經付出給許多人的那份愛，送給你自己了。當你學會鼓勵自己、肯定自我的價值後，漸漸的，你就不再會認為「真正的我好沒用」。

鼓勵並好好肯定自己的努力，這一點十分重要。

只要學會肯定自己，你的自我肯定就會加深，心中的那杯水自然也會越來越滿。

鼓勵、慰勞一下自己：「一直以來，真是辛苦你了。」

好棒！好棒！

5 沒有沒有症候群

在大部分的諮商中，經常以別人為優先的人最常說的一句話，就是「我沒有〇〇」。

「我沒有處理好自己的事。」
「我沒有自己的時間。」
「我沒有錢。」
「我沒有愛我的情人（伴侶）。」
「我沒有在做自己想做的事。」

「我明明做了這麼多事，卻沒有人感謝我。」

他們往往只會著眼於自己既沒有這個、又沒有那個，想著自己的不足，總是認為：「我什麼都沒有，我好沒用……。」我把這個總是煩惱著「沒有、沒有」的症狀，稱為「沒有沒有症候群」。

而治療這種症候群的特效藥，就是感謝。

感謝原本是一種自然的流露，但是如果得了「沒有沒有症候群」，心思就會集中在不足的地方，以至於忽略了過去和現在擁有的事物，心靈也會被焦躁不安、對未來的憂慮等負面情感占據。因此我建議得了「沒有沒有症候群」的客戶們實踐感謝的功課。

方法如下：試著在生活中尋找值得感恩的事，列出一份感謝清單，一天找出五件值得感謝或想要感謝的事情，然後寫下來。如此一來，我們的觀點就會從「無」轉移到「有」。

內容就來自當天發生的事，任何值得自己感謝或者想要感恩的事情都可以，雖然方法很簡單，但許多客戶都認為非常有效。

如果你覺得今天什麼事都沒發生，那麼可以從一些微小的事情開始找起。有人可能會擔心：「一天裡真的找得出五件事嗎？」我建議可以從觀察每天的小事、對自己而言理所當然的事情開始，像是感謝自己衣食無虞，或是謝謝自己的身體辛勞了一整天。

以下介紹幾個客戶們的「感謝清單」例子，希望對你有幫助。

我們將圍繞著日常事物來列舉。

・享用了美味的一餐。
・睡了一頓好覺。
・能看到孩子燦爛的笑容。

・看了想看的電視節目。
・今天也順利完成工作。
・今天的天氣很舒服。
・（感謝）身體辛勞了一整天。
・雖然晚上沒睡好，一早開始就很煩躁，但是跟同事發了一下牢騷之後，讓我感覺好多了。感謝同事願意聽我抱怨。
・和小狗一起去散步。
・悠閒的度過了一天。
・甜點和咖啡撫慰了我的心靈。
・打掃完房間、洗完衣服，讓我覺得神清氣爽。
・老公幫我做家事。
・同事協助我完成工作。

- 朋友寄電子郵件給我。
- 與家人出門飽餐一頓。
- 以自己為優先，允許自己照顧、呵護自己的身心。
- 因為醫院裡人太多，害我上班遲到了，但是每個同事都很親切的迎接我。
- 我開始能夠傾聽、而非否定自己的感受……等。

接下來的例子，是關於某位女性實踐感謝功課的故事。她說她在與同事來往時，經常很緊張而疲憊不堪。

剛開始做心理諮商時，她在諮商信件中提到以下這些事情：「每當我犯錯時，同事都會用很差的口氣指責我。」「雖然我喜歡自己的工作，但是真的好累，因為擔心收入出問題，就算想休息一下，也無法如願。」

「我對老公很不滿，因為他回家以後一直抱怨。」她還為此自責的認為：「我感受不到幸福，覺得這樣的自己好沒用。」

於是我建議她投入感謝的功課，經過一個月之後，在她每天的感謝清單出現了以下這些事：同事很貼心的送我餅乾；老公會幫我上街買東西，還會在我外出時幫忙餵狗；老公下班後就早早回家了。

她在當時傳來的郵件中寫道：「我在上星期感受到了許多愛。我的外甥、小姑、老公和小狗……我每天都接收到滿滿的愛。我注意到老公平時幫了我很多忙，讓我更懂得感謝他，我們兩個人的關係也比以前更好了，我認為這一切都要歸功於感謝的功課。」

後來她也持續實踐感謝的功課，當我半年之後見到她，她變得容光煥發，臉上多了笑容，整個人的氛圍都不一樣了。

接著她繼續致力於「自我優先的功課」（之後會在第四章進行），她原本不擅長和同事來往，常常容易緊張而疲憊不堪，但後來竟開始期待同事們的邀約。一年後她告訴我，她總算鼓起勇氣朝自立門戶的夢想踏出了第一步。

感謝的功課帶來的成效似乎非常可觀。

一開始你可能會覺得自己在強迫自己感謝，但這也無所謂。因為你的目標是把自己的觀點從「無」轉移到「有」，所以重要的是努力尋找值得感謝的事。只要堅持下去，就會自然而然的湧現感謝的信念，漸漸也會發現越來越多想要感謝的事。

經過一個月的練習後，就能擺脫一無所有的想法，意識到「原來我其實擁有很多」、「原來我受到了別人這麼多幫助，我與他人是緊密相連的」。如此一來，就不會再認為自己一無所有、好沒用，你將能學會肯定自我。

接下來在不知不覺中，你就能和「沒有沒有症候群」說再見。

只要持續感謝的功課，焦躁與不安的負面情感就會逐漸遠離，請各位不妨試著實踐看看。

總是以別人為優先的人，往往不擅長肯定自己的價值，但因為這非常重要，所以不妨從自己做得到的事情開始，嘗試實踐第三章的內容。

在第四章中，我們將更進一步調整自己的內心，做好以自己為優先的心理建設。

這些功課幫助你學會以自己為優先 3

在第三章中，我們分享了一些方法和思維幫你充實自己的心靈，讓你學會肯定自己的價值。建議各位不妨試著做以下的功課。

1 你內心的杯子裡裝了多少水？請回頭檢視一下現在的自己，憑直覺回答，不需要考慮太多，直接回答就好了。

2 回想一下你至今為別人努力付出過什麼事，請一一寫下來。此時請回顧與家人、朋友和同事們的回憶，在心裡摸摸自己的頭，對自己說聲：「一直以來你辛苦了！」

3 在一天中找出你想要感謝的五件事，寫下一份感謝清單，就算只是每天的生活瑣事也無妨。

第四章

每天做一件想做卻不敢做的事

1 情緒只是被壓抑，但依舊存在

在第三章，我們肯定了自己的價值，但如果不轉換心態的話，即使你能夠暫時把自己擺第一，遲早也會產生罪惡感，開始認為「像我這種人怎麼可以……」，最終還是回到原點。

第四章會幫助你做好心理建設，讓你能經常以自己的感受為優先。

首先我希望各位進行的是「釋放情緒的功課」。

如果遲遲沒有消化一直以來隱忍、壓抑的情緒，那麼即便你轉換了心態，也很容易受到它們的影響，導致你陷入惡性循環：「雖然很想以自己的感受為優先，但總是做不到。」

為了避免發生這種情況，就必須好好面對心中的想法和情緒，做好接受並消化的工作和功課。

總是把自己的需求擺在腦後的人，雖然會優先考慮別人，但這不代表他們沒有自己的意見和想法，只是他們習慣壓抑自己的真實情感，假裝自己無動於衷。然而，無論他們再怎麼假裝自己不為所動，當下的感受和渴望也不會就此從腦海消失，每一次被扼殺的情感都會累積在心裡。

如果不允許自己肯定自己的感受和想法，過去未能完全昇華的念頭遲早會填滿心靈，也就不會有餘力嘗試新的思維和做法，最後只會重蹈過去的行為模式。

所以，不妨好好釋放自己被扼殺的想法和情緒，在心靈中騰出一個空間，好讓新的氣象能夠注入內心。

2 寫下來，但不要評斷

在做釋放情緒的功課時，我會建議一個人單獨進行。在此推薦一個方法能幫助你獨自釋放情緒，那就是準備紙跟筆，寫下你現在感受到的所有想法。

這個方法很簡單，但也很有效。首先想一想，你現在最想對誰訴說心中的感受。接下來，把內心一直以來對他的想法、想要對他說但又不能當面說的話、難以啟齒的話直接寫下來，不管是好事或壞事都無妨，只要把腦中想到的，統統寫下來就可以了。

內容可以是在第二章中回顧與父母的關係，或是在回顧最近與父母的互動時，你想對父母說的話；也可以從主管、同事、後輩或朋友之間不愉快的互動中汲取靈感，不管是過去或現在的事情都可以。重點在於，盡量選擇你最能夠投入情感下筆的回憶，寫出你當時的感受。

寫下你對最近發生的一件事有什麼感受，可能會讓你想起小時候的回憶，並喚起當時的情緒。如果是這樣，也可以一起寫下來，這將會有助於釋放情緒，所以請把想到的都寫下來吧！

我有一位女性客戶，她在職場上很有主見，也一直煩惱著不知該如何面對講話不留情面的同事。她經常壓抑自己，隱忍著情緒說些體貼對方的話語，儘管她其實在生對方的氣。

我請她回想一下，在最近與那位同事的互動中哪些回憶讓她生氣，並寫下內心湧現而出的情感。

「坦白說，我討厭你！我不想再和你扯上關係，我希望你不要再說這種話了，我很生氣！」寫到這裡的時候，她忽然回想起小時候曾發生過的一件事。

在記憶中，她因為不滿意店員幫自己挑的衣服而面露不悅，結果被媽媽罵了一頓。一想起這件事，她就對媽媽產生了這樣的情緒：「我不喜歡的東西就是不喜歡！為什麼我不能擺出不喜歡的表情？不要把媽媽妳的想法強加在我身上！妳又不會在乎周遭的眼光！」她一五一十的寫下當時的想法，還有因為遭到斥責而憋著不敢發洩的憤怒情緒。

回憶接二連三的湧出，她又想起了一件事。

「幼稚園的時候，有一次我明明已經拚命唱歌了，老師卻罵我『唱太小聲了』，還要我去外面罰站。但我回家後，卻不敢告訴媽媽這件事，因為我知道媽媽相信那個老師是好老師。一想起當時的回憶，我的內心就湧現了這樣的情緒。」

她說完這段話之後，寫下了當時憋著不敢說出口的憤怒：「一直把老師、老師掛在嘴邊，老師有那麼偉大嗎？我也很努力啊！妳這個笨蛋！跟我道歉！」

重點在於寫下自己隱忍著、不敢向對方訴說的想法，用言語表達心中的鬱悶感受，它們是憤怒、不滿、悲傷和孤獨的情緒，也是你一直以來壓抑的情感。

「原來當時的我是這麼想的。」

「我其實希望對方這麼做。」

「為什麼要說出那種話？」

把這些想法都寫下來吧！但是在下筆時，注意不要對自己腦海中浮現的文字和內容做任何價值判斷。

如果你把累積在心裡的情緒視為不好或骯髒的東西，在下筆時還想著：「這樣寫真的好嗎？」「我竟然會有這種想法，我真是個糟糕的人。」「我竟然會有這些情緒，真是既醜陋又可悲。」你就無法將它們全部發洩出來。

只要把累積在心裡的東西全部發洩出來，它們就會因此昇華並消失，所以你可以放心的將它們統統寫下來。如果你寫完之後覺得神清氣爽，那就證明你已經成功釋放了。

不管你出現什麼想法和情緒，都沒有關係。

例如，我們往往認為快樂的情緒是好的，憤怒和嫉妒則是不好的，但事實並非如此，因為情緒沒有好壞之分，這些都只是我們自己賦予的定義罷了。

如果你認為憤怒是不好的情緒，那麼當你感受到憤怒時，你就會壓抑它。總是以別人為優先的人往往不善於表達憤怒，就是因為有這種想法，如果想要把累積的情緒全部發洩出來，這類人應該大膽的用一些較為強烈的詞彙，如「笨蛋！混帳東西！」等，更能感受到釋放的效果。

書寫是釋放情緒的安全方式，建議各位不妨試試。

3 釋放情緒，需要一點儀式感

上一節提到的那位女性，發洩完隱忍的憤怒後又發生了以下的故事。除了與職場同事的互動以外，她也想起了小時候的回憶，把當時的情緒全部宣洩出來。她說：「我覺得心頭輕鬆多了。」接著她告訴我以下這段話。

「因為我不擅長大聲喊叫，所以對我來說，唱卡拉ＯＫ是不小的挑戰，但有一次我卻突然心血來潮、想去大聲唱歌。於是我真的出門，走進了路旁一間卡拉OK。一唱之下，才發現我唱歌的時候很有自信，而且很痛快。隨心所欲大膽的去做一件事，這個感覺真好！

「另外，雖然自己這樣講有點害羞，我臉上以前有很多痘痘，不過最近膚質都變好了，而且我不覺得我在強迫自己微笑，或者應該說我的笑容變得更自然了。」

只要把心中隱忍的情緒全部發洩出來，就可以為心靈騰出空間，你可能也會像她一樣，做出一些你以前覺得「天啊，我怎麼可能會這麼做」、大膽的事情。

當我們為心靈騰出空間後，才有餘力獲得新的體悟，或許也會看見自己一直以來壓抑的、全新的一面。

當你回過頭來、讀著自己寫下的內容時，可能會重新意識到自己的感受、了解自己原來隱藏了這麼多情緒，或是因為喚醒了當時的情緒而掉下眼淚、心情變得有點難過。

當難過或悲傷時，可以對自己說些溫柔的話語，像是「其實你很難過，對吧」、「你很傷心吧，其實你希望對方能……」、「真是辛苦你了」等。

此外，因為這樣書寫的目標是發洩，所以不需要保留寫下的內容。把你寫的紙撕成碎片，然後丟掉吧！很多人都說，透過摧毀並拋開自己一直以來累積、壓抑的情緒後，變得更豁然開朗了。

如果做完後覺得神清氣爽、認為自己也許能獲得新的體悟，那麼你應該也會更期待進行「釋放情緒的功課」。各位不妨嘗試一下。

寫下心中所有的想法，釋放過去一直隱忍、壓抑的情緒。

4 筆比嘴更誠實

當你進行釋放情緒的功課時，難免會發現自己寫不出來，或是看法很冷淡，沒有下筆的動力。之所以會有這種情況，也許是因為你不願承認被壓抑的負面情緒存在。

但是，我們本來就會有各種情緒，這是理所當然的。像是憤怒、嫉妒、自怨自艾等一般認為的負面情緒，但我們就是感受到了，所以也無可奈何。情緒本來就沒有所謂的好壞之分，你也不是唯一經歷過這些感受的人，所以請不用擔心。

我有一位女性客戶發現，在與最近認識的某位朋友互動時，有些事情讓她覺得有點鬱悶，儘管當下的自己十分坦然。我聽完這番話後，能感受到她腦海中存在著壓抑的想法，於是建議她進行釋放情緒的功課，結果她說：「但是我又沒有生他的氣……就算我想寫，也寫不出來。」

我告訴她，就算只是寫自己感受不到憤怒、覺得下不了筆等事情也可以，總之先試著寫看看。於是她一開始照著自己的想法，寫下了：「我沒有生你的氣，所以也沒有什麼好寫的。上次喝茶的時候真開心。」

結果，後來她從「但是，當時你的態度是不是有些過分了」這句話開始，竟然湧現出越來越多的情緒，最後還出現了「竟然把我當笨蛋耍，你以為我是誰」、「我最討厭你了」之類的詞句，她告訴我：「原本我以為自己沒生氣，但現在才意識到其實我很憤怒。」

如果寫不出負面的情緒，也可以從你當下的感受出發，像是寫下「寫不出來」、「想不到有什麼好寫的」也無妨，只要一旦下筆了，就能漸漸將情緒發洩出來了。

5 召喚暗黑人格，一層層剝開內心

我再和大家分享另一種方法來釋放情緒。

在先前釋放情緒的功課裡，我們把壓抑的想法發洩出來。如果你平時經常發洩，就可以避免累積這些情緒，讓你不會無緣無故煩躁，也不容易對不相關的人亂發脾氣。

總是以別人為優先、配合別人的人，當對某人不滿時，不妨可以趁這個機會在心裡咒罵他，表達對他的憤怒。此時最好的辦法，就是讓自己的暗黑人格登場。

我們經常會聽到一般所謂天使的聲音、魔鬼的聲音等說法，這裡的暗黑人格就是指魔鬼的聲音。例如「真是氣死人了」、「我很討厭你」、「剛才那是什麼態度」，當你的心裡出現憤怒和不滿時，不妨把它想成是自己內心的暗黑人格在說話。

想像一下，你既不是天使，也不是魔鬼，而是站在中立者的立場，看著暗黑人格的模樣，聽他說話。

祕訣就在於把它當成與自己無關，看著這滑稽的一幕，心裡想著：「啊，暗黑人格出現了！」「今天暗黑〇〇（〇〇是自己的名字）的發言好精彩啊！」如果你把它當成自己的心聲，很容易就會認為：「我怎麼可以有這種想法……。」「可是，對方或許真的有什麼難言之隱也說不定……。」但如果讓自己跳脫出來，想成是暗黑〇〇（自己的名字）在說話，不是我，就不需要再壓抑心中的情緒。

讓暗黑人格登場，幫助釋放情感

你可以詢問暗黑人格：「嘿，你覺得那個人怎麼樣？」試著讓這個人格在你的想像中發言。

在釋放情緒的過程中，就算覺得自己已經全部發洩完了，但還是會有殘留的部分。每當把別人擺第一、因而感到鬱悶時，就可以處理一下情緒，因為做得越多，心靈就越舒暢。

只要察覺到自己一直以來壓抑的想法，像是其實當時真的很想這麼做、當時真的很傷心等，這些被忽略、不被承認的感受就會昇華。

就像剝洋蔥一樣，只要一次次釋放出壓抑的情緒，總有一天會到達洋蔥的中心，其中藏著最真實的想法、最純粹的情感。到時候，就會找到自己真正渴望的事物，了解自己真實的想法：「原來我想要這麼做！」

6 每天做一件想做卻不敢做的事

提到把自己擺第一時，我們往往只想到是否能付諸行動，但最重要的其實是「察覺並肯定自己的真實情緒」。換句話說，能夠以自我為主軸來思考才是最重要的，至於應該採取什麼行動，那都是後話了。

前面談到，所謂的把自己擺後頭的生活方式，就是以他人的想法為基準來決定自己的一言一行，生活都是以別人為主軸。

如果一直順著對方的意思，卻把自己的喜好和想做的事等真實想法深鎖在心裡、不說出來，就會在不知不覺中迷失自我。這就是為什麼當別人問「你想要怎麼做」的時候，有人會回答「我不太清楚」。

在某種意義上，或許可以說這代表當事人已經無法察覺到自己真實的感受。

為了提升對於喜悅的敏感度，像是感覺幸福的事、喜歡的事，就必須每天做一件自己想做的事，這就是「自我優先的功課」。

在這項功課中，你要把自己擺第一，這也是肯定與重視自己真實的感覺。每天選定一件自我優先的事（想為自己做的事），接著為了自己去完成它，就只有這樣而已。

透過重複這個過程，你不僅可以了解自己真正想做的事和真實的感受，也能學會把自己擺第一。讓我們按照以下的循環，進行「自我優先的功課」吧！

1問問自己，今天想為自己做些什麼？

↓

2傾聽（感受）自己內心真實的聲音。

↓

3為了自己去完成它。

在決定自我優先的內容時，有一點非常重要，那就是好好問自己：該怎麼做才會讓自己快樂，並接納真實的答案。

有一位男性告訴我，他每天早上搭火車通勤的時候，都會思考當天要進行什麼類型的自我優先功課。有不少人都會像這樣，訂下一段時間來思考今天的自我優先。

如果把決定自我優先的功課結合其他習慣，像是在早上刷牙時或通勤的路上思考，就會變成例行公事，也較容易堅持下去。

依照我觀察個案的經驗，許多人在持續了大約三個星期自我優先的功課以後，都會感受到某種變化。

總是以別人為優先的人，經常會聽取別人的觀點，卻往往忽略了自己的心聲。如果無法把注意力放在自己身上，就無法察覺自己的想法與真實情感，所以這是一個很棒的練習，能幫助人們建立以自我為主軸的思考方式。

除此之外，罪惡感是自我優先的最大敵人。如果你在進行自我優先的功課時感受到罪惡感，此時不必自責，其實只要體認到「我覺得有罪惡感」，這樣就好。

自我優先的內容一定要是當天可以完成的事，這一點十分重要。

例如去吃自己想吃的美食，去一直很想去的餐廳用餐，選擇不加班、抽出時間享受嗜好，找一整天當作自己的休息時間，查詢接下來想去的旅行資訊等，只要能夠以自我的感覺為優先，任何事情都可以。

如果從一開始就專注在具體的行動上，就更容易感受到成效。所以選擇一些能盡情享受、帶給自己快樂的事情吧！

當稍微得心應手了之後，除了具體的行動外，也可以開始把對待自己的方式放進自我優先的內容裡，像是不要忽視內心浮現的想法、接納自己的真實感受等。

如果你難以決定自我優先的內容，可以在吃東西或喝飲料的時候，問自己：「你想吃什麼？」「你現在真正想喝的飲料是什麼？」並在能力所及的範圍內實踐答案。

下一頁將會分享我的諮詢客戶實際做過的自我優先範例，希望能幫助各位。

自我優先的範例

- 去自己喜歡的餐廳吃午餐。
- 買一份價錢比平常吃的稍微貴一點的便當。
- 去接假睫毛。
- 上班前買一份自己喜歡的湯當作午餐。
- 下班回家的路上買一份起司蛋糕。
- 準時下班。
- 毫無罪惡感的休息。
- 早點睡覺。
- 去看場一直想看的電影。
- 做些輕度的伸展運動。
- 塗抹身體乳液、按摩一下。
- 買張樂透（為夢想而雀躍）。
- 在網路上找布料，享受自己做衣服的樂趣。
- 打掃房子。
- 去掃墓。
- 買一份很久以前就很想吃的甜點。
- 忙碌了一整天，晚上好好休息。
- 吃個冰淇淋當點心，放鬆一下。
- 和妹妹一起去逛街購物，盡情享受一下。
- 為一直懸在心上的工作擬定計畫。
- 雖然有很多事情要做，但我今天要讀遍想看的書！
- 我不會忽視心中浮現的想法。

7 讓自己快樂，需要練習

「只要有人拜託我，我就是拒絕不了……。」以下是某位女性的故事。這位女性每天為了工作忙得不可開交，私底下又過於在乎父母的想法，所以帶著一副疲憊不堪的神情前來找我諮商。

我讓她做完第一章到第三章的功課後，接著建議她進行自我優先的功課。雖然她說她從來不曾把自己擺第一，所以不知道該怎麼做才算是重視自己，但她還是從午餐要吃什麼等小事開始嘗試。

當她開始進行自我優先的功課後沒多久，某一天她開心的告訴我：

「我第一次請了年假去針灸。」原來她常常為了保養身體去針灸，但因為覺得自己又沒有生病，所以一直不敢請公司的帶薪假去做。

起初，她對於自我優先感到困惑，但是在一個多月後，她說：「在學會了以自己的感受為優先以後，我每天都很快樂。重視自己真正想要看重的事，並把它擺在第一位，就算只是一件小小的自我優先功課也一樣。我了解到，原來這才是能讓我快樂的事。」我認為，這是十分巨大的變化。

進行了自我優先功課後，就會啟發你快樂的心靈。

假設你的自我優先是在下班回家的路上，買個喜歡的超商甜點，那麼在買之前就會湧現出快樂的情緒：「今天我要在回家路上買超商的甜點吃哦！」而當你在便利商店找到了甜點，心想「沒錯，就是這個」的那一刻，也會覺得十分開心。接下來，當你回到家、品嚐著美味的甜點時，又會感到高興。最後還會因為做到自我優先而十分愉悅。

在進行自我優先功課的過程中，可以像這樣一次又一次的體會到「做到了」、「好開心」、「太好了」、「好滿足」等喜悅情緒。各位不妨在嘗試這項功課時，仔細注意每一次內心的感受，並好好享受它們。

有些時候，可能會出現以下情況：「雖然和早上決定好的內容不一樣，但是當我回顧今天一整天之後，才發現這件事是我今天的自我優先。」這樣當然也無妨。

此外，可能也會出現雖然想要做某件事、但無法達成的情況；或是把某件事當作自我優先功課、做完了之後，卻覺得不是很滿意；或是對於以自我為優先抱持抗拒感等狀況。然而，即使出現了上述的情況，也不需要覺得自己總是學不會把自己的感受擺第一、很沒用。

想不出自我優先的功課、無論如何都提不起勁的話，也不必勉強自己，只要完整的接納當下「想不到、沒有動力、很抗拒」的心情就好。

8 只要能獨自完成，馬上去做

當你在選擇自我優先的內容時，希望各位可以注意以下兩點。

・NG1：選擇的事情是少了別人幫忙就做不到的

做自我優先功課時，應該選擇的是能讓自己快樂，可以在當天獨自完成的事。假如你把邀請朋友一起吃飯，設定成當天的自我優先功課，萬一朋友那天剛好沒空而拒絕你，就無法達成了。

但如果你提前和朋友約好了當天要吃飯、去享受用餐的時光，或是因為還沒決定好地點，所以你提議去自己想去的餐廳，那麼就可以算是自我優先的功課。

如果自我優先功課的完成與否，是取決於別人的話，那就是以他人為中心在行動。因為自我優先的練習是幫助你以自己為主軸，所以選擇的事情要能讓自己快樂，並且是能獨自完成的。

・NG2：基於缺乏感與焦躁感來選擇

我曾經有一位客戶，把「從白天就開始喝酒」，當作某天的自我優先事項。

在自我優先的內容中，並沒有定義從白天開始喝酒是好或壞。所以不妨先問問：「自己今天真正想做的事是什麼？」「這件事真的能讓自己快樂嗎？是依循自己的心情所做的選擇嗎？」如果你認為從白天就開始喝酒是真正想做的事的話，那就沒問題。

但是，如果抱著隨便的心態，像是僅僅為了排解寂寞和鬱悶而決定喝酒，那就不符合自我優先的宗旨。同樣的，因為在意他人眼光而做的決定，或是受到好壞的價值判斷影響所選擇的，都是以他人為主軸的思考方式，所以也不適合當作自我優先的內容。

所以，不妨老實的面對，思考一下做什麼事能讓自己快樂、自己真正的想法是什麼。重點在於做完自我優先的內容後，要好好關注自己的感受。如果你覺得神清氣爽、很有成就感，那就沒問題了。

9 你想逃避的功課，最能帶給你快樂

接下來，將會進入自我優先功課的進階篇。

如果有一個人平常就在做自己喜歡的事，你對他說：「請你試試看以自我為優先。」他或許會回答你：「可是我已經在做了啊。」在這種情況下，我建議各位可以檢查一下，看看自己是不是在某些方面，還做不到這一點。

有位女性因為有人際關係上的困擾，所以來找我諮商。

「我覺得自己算是正在做自己想做的事。」這樣的她，確實對於自己的嗜好非常積極，舉凡跳舞、旅行，甚至還會學習自己感興趣的事物，所以她認為自己已經實現了以自我為優先。

然而，在深入了解她是否真的做到的時候，我發現她在與男性交往時，會出於不想被男性討厭、不想被拋棄的心理，而把對方擺在第一位、配合對方，行動都是以別人為中心。

另一位女性則說，她對自己的體型和身材沒有自信，讓她覺得作為一個女性很自卑。

聽完這個故事，我注意到一件事。她能夠毫無障礙的完成許多自我優先的事情，像是去自己喜歡的餐廳吃飯、抽出時間學習自己有興趣的事物等，但是卻完全不會選擇那些，會讓她意識到自己身為女性的自我優先。

當我告訴她這件事時，她說：「或許真的是這樣，對於意識到自己身為女性這一點，我可能抱持著抗拒感。」她想起自己小時候功課不錯，所以備受矚目，結果男生卻嘲弄她：「明明是個女生，還這麼囂張！」

自從有了那次的經驗後，她發現她選擇的服裝，都是盡可能不會突顯自己女性特質的衣服，另外為了不引人注目，她總是十分在乎周遭的眼光，可以說是把「身為女性的自己」擺在了腦後。

於是我建議她，今後要選擇那些能讓她意識到自己身為女性的事，作為自我優先的內容來實踐。

那些你一直逃避而不自知的事，很有可能最應該作為自我優先功課。

去做全身美容、用身體乳液仔細按摩身體、塗抹腳指甲油，在實踐的過程中，她漸漸注意到自己內心女性化的一面，也開始學會肯定它，並從中獲得快樂。

不久後，當我見到她時，她容光煥發的告訴我：「接下來我要更享受身為女人的生活！」她真正想要擺在最優先的，其實是接納、享受、寵愛身為女人的自己，但這也是她一直以來壓抑的。

當你的自我優先功課逐漸得心應手後，可以回顧一下過去幾天的內容，就能了解自己無意間一直逃避的事物。儘管這屬於進階篇，但如果可以的話，請盡量把一、兩件自己下意識逃避的事情，作為自我優先的內容。其中隱藏著許多寶藏，包含你尚未獲得的喜悅與快樂。

如果能夠從自己逃避的事情中做到自我優先，就可以獲得全新的快樂體驗，這些也是你真正想要擁有的感受。寶藏就在那裡，急切的等待你去享受。

你可能會覺得，要學會經常把自己擺第一、又不會懷有罪惡感，是很困難的，但請不要操之過急，而是要逐一嘗試。

在第五章，我們將談到如何以自我為主軸來與他人相處。

這些功課幫助你學會以自己為優先 4

在第四章中，我們談到了如何做好心理建設、以自己的感受為優先。建議各位不妨試著做以下的功課。

1 想一想你現在最想對誰說話，把你想對他說但又不能當面說的話、難以啟齒的話，直接寫下來。

2 每天選一件事情以自我為優先，並完成它。你可以回顧自己注意到的事，以及自己的感受。

3 在得心應手了之後，可以在抱持抗拒感的事物上，嘗試把自我的感受擺第一。

第五章

你不必成為誰的超人

1 在自己與對方之間，畫一條「健康的線」

這趟心靈之旅已經走過一半了。

目前為止，在第一章和第二章，我們回顧了現在與過去。在第三章和第四章，我們努力肯定自己的價值，做好心理建設、時常以自己的感受為優先。在第五章，我們要學習如何在尊重自己感受的同時與他人相處。

如果要在尊重自我感受的前提下與他人相處，重點是在與對方之間，由你自己畫下一條「健康的線」。畫出健康的線，意思就是要確保自己和對方之間有個舒適的距離。讓我來詳細說明其中的意義。

經常以別人為優先的人，往往不善於拒絕他人的請求。不僅如此，即使沒有人拜託自己，也會對場面、氣氛很敏感，總是先考量別人。然而，有時候你承擔的，可能已經超過所能承受的負荷，結果引發自己對他人的不滿，同時讓你疲憊不堪。

為了避免這種情況，有時候你得說「不」。當你說出「不」的時候，就會在自己與對方之間，畫出一條健康的線。

平時，當你為了某人犧牲自我或忍耐時，兩人之間的界線並不位於正中央，而是偏向你這一邊。對於你和對方來說，這種狀態是不平衡、不健康的。當某人請你幫忙時，對方即使希望你能一口答應，也不希望讓你不知所措、承受巨大的壓力，勉強接受這個請求。

然而，如果你不明確的婉拒，對方也無從判斷你到底方不方便答應。為了讓彼此都覺得舒服，適當的畫出健康的線便十分重要。

界線一旦偏向某一邊，
就會因為不平衡，而對其中一方帶來壓力

畫出界線，在某些人看來可能很冷漠，但其實不然。以自我為主軸生活的人，就能夠隨時隨地適當的畫出這條線，這是建立自我主軸所不可或缺的。

以他人為主軸來行動的人，因為不知道自己和別人之間的線應該設在哪裡，所以往往無法適當的畫出這條線，在對方的強迫下，界線就會慢慢往自己靠近。如此一來，就算已經很辛苦了，你也會一再的勉強自己，讓自己疲憊不堪。

為了在與人相處時，能勇於以自己的感受為優先，所以必須畫出健康的線。在接下來的內容裡，我們將搭配案例，談到如何在自己與對方之間適當的畫出這條線。

2 勇敢說「不」

以下的故事，是關於一位任職於資訊科技公司的男性。

在公司裡，隨著經驗的累積，大家都很期待這位男性的表現，找他負責的專案也越來越多。他心地善良，一旦別人拜託他，就算自己其實不太想做，也很難拒絕別人，所以往往會一口答應，然後把工作承擔下來。

當他注意到這一點時，工作量早已超出自己所能承受的範圍，就算連續幾天加班到很晚，也還是做不完。在身心俱疲之下，他來找我諮商。

在談話中，我才知道他因為不想造成對方麻煩，所以不敢說出自己的真實想法，不好意思造成別人的負擔，所以一直壓抑內心真實的感受。因此，即使淪落到這般處境，他仍然不敢推辭工作，也不肯把現在艱難的狀況告訴主管和同事，向他們尋求協助。

我立刻請他和我一起，依照本書中分享的每一個步驟展開心靈之旅。在回顧小時候與父母的關係時，他回憶起自己不想給父母添麻煩的念頭十分強烈，所以一直自制的當個好孩子。在做自我優先的功課時，他也開始保養自己的身體，不管工作再怎麼忙碌，也會定期抽出時間去整復身體。

透過以上這些功課，把注意力放在自己身上，也讓他逐漸開始勇敢的在職場上說出自己想說的話。

持續進行了幾個月的功課後，他終於鼓起勇氣對主管說：「我沒辦法按照現在的工作量繼續做下去了，是否可以請您重新評估我該負責的業務內容？」據說主管盡可能的考慮了他的要求，也調整了他的工作量，同事們還鼓勵他：「如果遇到困難的話，可以說一聲。」

「我在說出來之前十分緊張，擔心不知道主管會怎麼想，但他並沒有露出不悅的神情，也聆聽了我的要求，我才終於放心。我原本以為會給公司添麻煩，後來才知道原來說『不』也無妨。而且透過這次的談話，我也了解原來主管一直很看好我。」他說著這段話時，從他的臉色來看，就知道比起當初承受龐大壓力時平靜了許多。

過去的他哪怕再累，都一直努力工作，從來不向人求助。而主管和同事的溫暖關懷，讓他了解：「原來只要學會拒絕和求助，就能獲得我未曾想像過的體驗。」

說「不」當然需要勇氣。不過在大部分的情況下，當你開口拒絕的時候，對方其實不會如你猜測的那樣，想得很複雜。不過，在你實際開口說「不」之前，都無法了解和體會到這一點。

當你不想再以他人為中心，跨出第一步、開始重視自我感受時，最有效的方法是告訴自己說「不」也無妨，以獲得不同於以往的經驗。第一步，就先從給自己小小的勇氣開始。

3 你不必成為誰的超人

曾經有一位女性找我諮商，她受到許多人的請求，承受了很多事，讓她蠟燭兩頭燒，不知道到底該怎麼辦才好，感到十分痛苦。

無法以自己為優先的人，通常都有強烈的責任感，即使只是受人之託，也會獨自承擔，把自己逼到極限，她也是這樣的人。然而我們既不是超人，也沒有必要成為超人。

當別人拜託你的時候，無論是拒絕或答應，都要能接受自己的回答，這一點十分重要。所謂的接受，代表你很清楚自己的真實感受，不需要做任何忍耐和犧牲。如果你想要答應，但又無法攬下全部的工作時，就明確告知自己能做到的範圍有多少，以及剩下多少部分沒辦法完成，並且讓對方決定。

同樣的，我請這位女性從第一章的步驟開始投入心靈之旅。在過程中，她表示當她意識到自己不可能滿足所有人的需求時，就能理清哪些是可以答應的、哪些是無法完成的，並學會拒絕做不到的事。因此，她才得以走出痛苦。

除此之外，這也讓她學會在不勉強自己的前提下承擔任務，心靈也騰出了空間，以自己的感受為優先。

你只有一副身體，但你能運用的時間有限。

你的人生不是為了滿足他人的需求和期待而存在的。

你的人生屬於你，千萬不要忘記這一點。

4 我不做，就沒有其他人會做？

在人際關係中，懂得把自己擺第一的方法之一，就是向人求助。

當你想拜託別人時，是否經常擔心會不會給對方添麻煩、害怕別人可能會擺臭臉、或是煩惱對方應該也很忙，自己先在腦海中擅自下定論，導致最後還是沒能請對方幫忙？

總是以他人為優先的人，十分擅長揣摩對方的立場來推斷、然後自己東想西想，但這也往往導致他們會在自我想像（妄想）的範圍內妄下定論，完全不覺得試著拜託看看，對方也許會願意。

有一位單親媽媽，平時也要照料住在附近的年邁母親。她順應母親的要求，從出門時的陪伴看護到平凡的瑣碎小事，都不遺餘力的完成。因為想要盡可能滿足母親的要求，所以她總是全力以赴，但因為還要帶小孩，也要顧及自己的生活，這讓她無論在身體上或時間上都沒有餘力，每天累得筋疲力盡。

漸漸的，她開始覺得母親要求東、要求西，令人心煩，也開始厭惡這樣的自己。如今育兒生活告一段落，她想在接下來的生活中更自由的做自己想做的事，卻發現不太能把時間和精力花在自己身上。這種狀況令她十分鬱悶，在疲憊不堪的情況下，她前來尋求諮商。

她告訴我：「如果我拒絕父母的要求，我會覺得自己是個可怕的人，更何況母親還無法自由單獨行動，再加上如果我不做，就沒有其他人會做了。因為兄弟姐妹都住得很遠，很難幫得上忙，所以我一方面別無選擇，另一方面也想幫助母親，但這已經是我的極限了。」

她自己先下結論：「我不能求助任何人，只能獨自面對。」卻忽視其他的可能，於是我建議她先不要自己妄下定論。

此後，她意識到自己在很多行為上都會先下定論，她說：「本來以為只能靠自己的力量，但我想摸索看看是否還有其他的可能。」於是她開始尋求幫助。

例如，她一直以來都堅信身邊沒有人願意幫助自己，所以從未實際採取行動、找人幫忙。不過當她鼓起勇氣，寄信給住得比較近的母親的親戚，商量照顧母親的事情後，意外收到了溫暖回覆，親戚告訴她：「辛苦妳了，不要一個人憋在心裡面，接下來有任何事情，都可以來找我們商量。」讓她的內心頓時輕鬆許多。

她很高興從此之後，有人能和她共同承擔起照顧母親的責任。

如果你願意尋求幫助，一定會有人向你伸出援手。

更確切的說，其實過去以來就有人看著努力掙扎的你，向你伸出了援手。但因為你在腦海中自己先做了結論，所以看不見向你伸出的援手。

讓我們改變看待周遭的方式吧！只要停止凡事先下定論的習慣，就有更多機會從周遭人身上，得到你從未察覺到的善意和愛。

5 說出來，別人才知道怎麼幫你

前面提到的那位獨自照顧母親的女性，終於能在遠方的兄弟姐妹回老家時，主動提出希望他們陪母親出門、幫忙母親如廁之類的具體要求。在此之前，每當兄弟姊妹回老家時，她都不好意思尋求幫助，所以只能獨自面對。

然而，她暗地裡還是期待在自己不須開口的情況下，其他兄弟姐妹會主動幫忙，但他們卻沒有這麼做，這讓她很鬱悶。

根據投射法則（請參照第八十一頁），一個總是在揣摩對方處境的人，往往認為對方應該也會察覺到自己的狀況，或者採取某項行動。也因此，她才會認為：「我明明已經當場表現出來了，為什麼你們都無動於衷！」對於毫無反應的兄弟姐妹，她會感到質疑、不滿和鬱悶。

然而，並不是每個人都具有同樣的能力、能察覺並體諒他人。如果希望對方能在自己不必開口的情況下，察覺、理解自己的狀況，這份期待往往會落空。但倘若你因此垂頭喪氣的認為對方不理解、不幫忙，那是很可惜的。

你不必猜測，也不用耗費太多心思，只要試著開口尋求協助，對方通常都會樂意答應。當你學會請別人幫忙時，不要把注意力放在對方是否願意協助，而是應該放在「我成功的尋求幫助了」，並為此感到快樂。我也告訴她：「妳可以鼓勵一下自己：『說得好！妳真棒！』」

當你成功鼓起勇氣尋求別人幫助時，希望你也能鼓勵與讚美勇於求助的自己。

6 從拜託小事開始練習

透過心靈之旅，前述的那位女性學會了請求身邊的人共同分擔責任、照顧母親。之後有一天，她又開心的告訴我以下這段話。

「我能感受到大家都願意幫助我，只要他們願意幫我、與我一起思考並行動，這不僅能減輕我身體上的負擔、甚至也減少了我大部分心靈上的負荷。讓我重新意識到不要自己先下定論、誠實面對自我感受有多麼重要。」

當她學會向別人尋求協助後，心靈和時間都有了更多餘裕，也決定報名參加課程，為了自己未來想做的事情而努力。這是她一直以來從未想過的。她逐漸不再遷就別人的感受，朝向以自我感受為優先的人生，踏出了新的一步。

或許之後還需要不斷的練習，但藉由踏出這一步，未來與環境一定會有所變化。讓我們鼓起勇氣，試著向別人開口、尋求幫助吧！你可能會覺得自己做不到，但只要你努力完成第一章到第四章的步驟，肯定了自我價值，也做好心理建設後，應該會開始認為：「或許我也能開口向別人尋求幫助也說不定。」

如果你遲遲無法踏出第一步，可以回顧第一章至第四章，並嘗試完成功課。首先，寫下你遇到的困難，接著動用你的一切腦力，尋找或許能幫助你的人，或是你比較能開口拜託的人。

「我的身邊根本沒有這種人！」然而這只不過是你的臆測而已，先把這個想法擺在一邊，並試著想一想，家人、親戚、朋友、工作夥伴、行政窗口或是商家，都可能是不錯的人選。

一開始，你可以從一些門檻較低的小事，或是讓自己不太會有龐大負擔的事著手，作為尋求幫助的練習。以下我將會分享一些我的客戶實踐的例子，供大家參考。

- 在操作電腦時遇到不懂的地方，所以我請朋友教我。
- 當我迷路的時候，我沒有自己查地圖，而是選擇詢問別人。
- 我請老公幫我搬重物。
- 我請教小孩同學的媽媽：「在這種情況下，妳會怎麼做？」
- 我請店員更詳細的為我解說店裡的商品。

在實際尋求幫助時，最好能具體說明你需要哪方面的協助，以及你希望對方如何幫你。明確表達自己的需求，讓對方知道他應該做什麼、需要他做什麼，例如「如果你能幫我完成某某事的話，那就太好了，可以麻煩你嗎」、「這部分有點困難，想請你幫個忙」等。

如此一來，就算對方沒辦法全部答應，也會更容易回覆你，像是「這點我做得到，但這部分就有點困難了」。此時，就能在自己和對方之間，畫出一條健康的線。

如果你不擅長把自己的感受擺第一，這樣的體驗將會扭轉你的思維，讓你意識到「這世界是善良的」、「原來我也可以說出自己想說的話」。就算你在求助時遭到對方拒絕，這也不代表對方討厭你、否定你的人格，或者對方是個差勁的人，單純只是當下無能為力罷了。

換句話說，對方也正以自己為優先。不管是對方還是你，彼此都擁有把自己擺第一的自由。如果遭到拒絕，只要想著：「好吧，算了。」接著再繼續找下一個可以幫助你的人就好。

7 是勇敢？還是厚臉皮？不妨勇敢厚臉皮

「我不想被當成厚臉皮的人。」

「如果毫不客氣、表現得很貪婪，我怕別人會討厭我。」

「如果誠實的表達自己的感受，我擔心別人會嫌棄我。」

假如你抱持著這些想法，你覺得它們是怎麼產生的？

我以前也很討厭厚臉皮的人。直到有一天，我開始思考：「為什麼我會這麼討厭厚臉皮的人？」才發現投射法則（請參照第八十一頁）也適用於此。

對我來說，所謂厚臉皮的人，是誠實面對自己「想要」、「我想這麼做」的欲望，並直接說出來或採取行動的人。當你討厭一個人或對某人生氣時，是因為你認為他毫無節制的展現出你不停壓抑、覺得不應該這麼做的部分。

換句話說，我們之所以會厭惡厚臉皮的人，恰好是因為他們能誠實面對自己的情感，而且毫無保留的表現出來。其實我們也希望能像他們一樣，完整表達自己的情感。

我有一位客戶，在公司的飲酒聚會上曾有以下的經歷。

「我喜歡吃的炸雞只剩最後一塊了，當時我肚子很餓，其實很想夾過來吃掉，不過考慮到其他人可能還沒有吃，所以遲遲沒有伸出筷子。

接納自己內心的想法：「原來我也希望能像他一樣，表達自己的情感……。」

「後來有位前輩問我：『你要吃嗎？』我客氣的回答：『不用不用，我沒關係，您請吧。』結果一位後輩說：『那我就不客氣了。』接著一口就把它吃掉了。這實在是太誇張了，讓我有些驚訝，心想：『咦？怎麼會是你吃掉了？』但是，如此坦率行事的後輩，平時就受到大家的疼愛，我其實有點羨慕他。」

如果你厭惡和那些能表現出真實情感的人相處，你可以換個念頭：「啊，原來我也想老實表達自己的心思啊。」「原來我也想要像他一樣，能更坦率的表達自己的情感。」像這樣去接納這些念頭之後，矛盾就會隨之消失，你也會感到輕鬆許多。

有時候，即便你希望自己也能誠實的面對自己的情感，也未必有辦法立刻採取行動。但你不需要否定這樣的自己，也不必自責，畢竟這就是現在的你，讓我們對過去無法坦率面對真實情感的自己，說一句OK吧！

8 沒有人必須忍耐和犧牲

當人們無法以自己的感受為優先時，就會「忍耐」並「犧牲」自己。因此為了把自己擺第一，就必須向忍耐和犧牲說再見。首先，要了解自己為什麼會產生這些感受，這一點很重要。

前面曾提到，當別人毫無罪惡感的做著自己正在忍耐、節制的事情時，我們往往會認為不公平、心想「我明明忍耐了這麼久，他怎麼可以……」，或是鬱悶的覺得這種人真好（但自己做不到）。

在這些時候，不妨把它想成對方正在提醒你「某件事」。這件事就是，因為在你的腦海中認為不可以把自己擺第一，才會導致你認為必須隱忍和犧牲。

一個總是以別人為優先的人，在尋求幫助時，一旦遭到對方直接拒絕，就會不知所措的想：「咦？明明我平時都把別人擺第一，結果你竟然拒絕我？」但這件事也讓你學會了，當你想要以自己為優先時，你也可以拒絕別人，把自己擺第一不是壞事，你也可以這麼做，不需要綁手綁腳。

當我們把每個人都視為提醒自己的借鏡時，不僅會讓我們意識到，那些我們不喜歡、厭惡或羨慕的人都在提醒自己，心中可能存在「一定要這麼做」、「必須這樣」之類的信念、限制或禁令。他們同時也會成為教導我們的貴人，讓我們了解自己今後不再需要綁手綁腳的，不是嗎？

當你對某人感到惱火時，你可以問問自己，對方現在正提醒我什麼事、他是在教我什麼。退一步思考，集中注意力想想自己心中是否存在著

「必須……」的念頭。

然而，如果你並未確實完成第四章所介紹的「釋放情緒的功課」（請參照第一〇四頁），就無法產生這樣的思維。如果你難以改變看待對方的看法，可以試著回頭再做一次釋放情緒的功課。

當意識到自己正在忍耐和犧牲時，也會察覺到自己在無意間扼殺了內心的真實想法：「我也想這麼做！」一旦你意識到自己的真實想法，也就能釋放「當時我其實想要那樣做」、「我一直都在忍耐」等的憤怒和悲傷，這讓你更容易接受不同的思考方式，從那些令你不愉快的人身上有所學習。

本來就沒有人應該要犧牲，也沒有人必須忍耐，一個能在生活中重視自我真實情感的世界，就是不需要忍耐和犧牲的世界。

倘若隱忍和犧牲成了習慣，你可能沒辦法說停就停，但只要你開始認為不這麼做也無所謂，覺得自己不想再繼續犧牲下去，這個習慣就會逐漸離你而去。

9 試著說：「這是我的感受，你呢？」

如果不習慣把自己的意見擺第一，可以詢問對方：「這是我的感受，你呢？」在說出想法的前提下，徵詢對方的意見。

我有一位客戶嘗試過這個方法，以下是他的經歷。

「每次出去吃飯，別人問我想吃什麼的時候，我總是說都可以，不好意思說出自己的想法。前幾天，朋友問我中午想吃什麼，我就嘗試了您教我的方法。『今天我想吃中華料理，你呢？』我有點心驚膽戰的說著，朋友則回答我：『我想吃日本料理耶。』『那該怎麼辦？』結果猶豫了一會兒之後，我們交換自己熟悉的店名，最後去一家同時符合兩個人需求的家庭餐廳，各自吃到了想吃的食物。

「如果單純只是說出自己的想法，可能會覺得很尷尬，但如果用這個方法，也能聽到對方的意見，對話就比較容易進行下去。最近多虧了這麼做，讓我漸漸能表達自己心中的想法，我真的很開心。」

當對方詢問你時，就代表他們想知道你的感受。雖然你可能會認為這只是客套話，但即便如此，既然對方問了，當然可以回答。就算只是小事也無所謂，只要慢慢說出自己的想法，心境就會有所改變。

10 用「謝謝」取代「不好意思」

「你太客氣了。」
「你不需要這麼客氣啦。」
「如果你能說出你的意見，會更有幫助。」

各位是否曾有這類經驗？當你為了對方著想，表現得很客氣時，對方卻說出上述這些話，讓你鬱悶的想：「我是不是應該坦率一點比較好？」

之所以會擔心對方怎麼想，把自己的感受擺後頭，就是因為在潛意識中，不希望對方討厭自己、說出令人不舒服的話，讓自己受傷。

乍看之下，這似乎是以對方為優先，但這其實是一種自我防禦措施。這裡所謂的防禦，就像是在自己周圍張開一道屏障，與對方之間自然也會形成一堵牆。這就是為什麼即便我們想要更親近對方，也會覺得難以拉近與對方的距離或建立深厚關係。

當身邊的人希望你不要這麼客氣，也是希望你接受他們釋出的善意，想要與你更親近。如果你太過客氣，讓對方難得釋出的好意撲了空，對方就會感到孤獨。

如果有人關心你、對你好的時候，你不妨說聲謝謝，並接受他們的愛，而不是感到抱歉的說「不好意思」。只要坦率的接受，你與別人之間的那堵牆就會消失。

通關密語是「謝謝」，而不是「不好意思」。

在第五章中，我們談到了如何以自我為主軸來與人相處，而不是以他人為中心。透過在自己與別人之間畫出健康的線，我們可以平衡付出與接受，心中的那杯水就能循環、不致枯竭。

在第六章之中，我們將談到當你試圖以自己為優先、卻又行不通時，應該如何應對。

這些功課幫助你學會以自己為優先 5

在第五章，我們談到了如何以自我為主軸，在尊重自我感受的前提下與他人相處。建議各位不妨試著做以下的功課。

1 為了親身體驗說「不」也無妨的感受，你可以寫下別人拜託你的事、你認為別人期望你做的事、被邀請參與的事。從中挑選出你想拒絕的幾件事情，鼓起勇氣試著拒絕看看（例如親朋好友的委託、邀約或業務上的往來等）。

2 寫下你正在獨自面對的困難、煩惱、令你不舒服的事，以及你真正想要得到幫助的事。一開始先從中挑選一件小事情，附上具體希望得到幫助的內容，試著向別人尋求協助。

3如果別人詢問你的意見，你可以說：「我是這麼想的（我是這麼覺得的），你呢？」勇敢說出自己的觀點。

第六章

萬一還是行不通，你可以這麼做

1 我試了，但就是不知怎麼把自己擺第一

在第五章中，我們提及了幾個方法和思維，幫助你如何不受他人的言行左右，以自我為主軸，在尊重自我感受的前提下與別人建立關係。而在第六章，為了讓你接下來能堅持這個全新嘗試，繼續以自己的感受為優先，我們將談到當你覺得努力嘗試卻行不通時，應該採取的思維。

當你實際採取行動，試圖以自己為優先時，有時會很順利，但有時也不盡人意。行不通的時候，你可能會覺得心灰意冷或失去動力。除此之外，當你試圖嘗試一些不同於以往的全新做法時，也許會開始恐懼、認

為：「如果行不通的話，我該怎麼辦？」

總是以別人為優先的人，在試圖把自己擺第一時，心裡往往會浮現一些沮喪的想法：「果然，我還是不好意思開口說出自己想說的話，真讓人灰心。」「在關鍵時刻，與其把自己的感受擺第一，不如配合對方的要求比較輕鬆。」「要以自己的感受為優先，真難。」這是理所當然的。

或者有時候，可能也會覺得自己能誠實面對自己的感受，也成功拒絕了對方的請求，但還是會有罪惡感；或是覺得儘管鼓起勇氣、試著說出自己的請求，結果卻遭到拒絕，因此覺得很震驚。

會出現這些想法與感受，絕對不是因為自己很沒用。

當我們提到能以自己為優先的人時，你可能會想像一個總是積極正面、完全不可能會有負面情緒的人，但事實並非如此。學會把自己擺第一，不代表你的負面情緒會完全消失，也不代表你不會感受到這些情緒。

而是當你把自己的感受擺第一，情緒上因此產生罪惡感而動搖時，你會知道該如何回到以自我為主軸的軌道。

關於具體的做法，我們將在後續分享。

2 當心中出現矛盾糾葛

你試著把自己的感受擺第一，結果卻不如預期，便認為「我果然很沒用」、「我做不到」，萌生否定自我的想法；或者儘管你嘗試了，卻產生罪惡感。當心中出現這些矛盾與糾葛時，重點在於千萬不要去抗拒浮現出的任何想法。

所謂不要去抗拒，是指腦中雖然浮現了否定自我的想法，但也不要去否定這樣的自己，更不要單方面的斷定自己很沒用。就像我們之前談到的，腦中不管出現什麼想法，只要察覺到「啊，原來我現在覺得〇〇啊」，並且原封不動的接納它就好。

曾經有一位男性，他想出了一個點子，能改善職場的運作，卻因為顧慮：「我如果提出這個建議，可能會害團隊增加工作量。」「大家可能會討厭我。」結果在會議上根本開不了口。

其實遇到這種情況，不妨試著想「原來我覺得自己的建議會讓大家增加工作量」、「原來我認為這麼做會被大家討厭」，只要原封不動的接納內心的獨白，明白原來自己是這麼想的，誠實接受就好。

當你試圖把自己的想法擺第一，卻又做不到的時候，只要浮現這些念頭，就可以持續上述的步驟。

「我希望對方之後能再邀請我，但我怕這次拒絕了，會被列為拒絕往來戶。」

「明明不想表現得太客氣，但是當有人要求我拿自己喜歡的東西時，我還是客氣的婉拒了。」

「我其實很想尋求別人的幫助，但又想得太多，以至於不敢開口要求對方。」

「我想請對方幫忙，卻開不了口，但我還是希望對方能協助我。」

讓另一個自己對你說聲「原來如此」，溫柔的接納心中的矛盾，矛盾就會逐漸消失。像這樣接納自己的想法，不要去否定它，將有助於你用體貼的心對待自己。

沒有人是完美的。我們各自都有擅長和不擅長的事，也有做得到和做不到的事。不需要責怪自己，也就是不要否定自己的任何想法。

不否定心中任何的想法，代表著多愛自己一點。請盡量時常懷抱體貼的心，來對待自己。

3 不要拿過去來評斷現在

如果嘗試了第一章到第五章分享的方法，但還是進行得不太順利時，你的內心可能會陷入各式各樣的恐懼之中。那麼，這些恐懼的念頭又是從何而來？

當我們判斷他人或事物時，往往會以「過去」為標準。

「以前曾經發生過這樣的事，所以這次也一定會是這樣。」

「以前的我曾有這樣的經歷，所以我害怕再次出現同樣的情況。」

「那個人過去都是用這種態度對待我，他就是這種人，以後也不可能有什麼改變。」

正如我們在第二章談到的，人會基於過去的經歷養成思維習慣，並根據這個思維習慣，判斷未來尚未發生的事。因此，當我們看著眼前的人或情境時，明明未來的事還沒發生，我們卻帶著恐懼臆測：「可能又會發生讓人厭煩或可怕的事情……。」

以下是某位女性的故事。她在職場上常常會考慮對方的心情和處境，因為想得太多，結果讓自己疲憊不堪。

「每到下班時間，主管都會跟我們說『早點回家吧』或是『大家可以回家了』。即使我想要多做點工作再離開，也會遵從他的指示下班回家。只是當我聽到這些話的時候，心裡往往會想『我是不是不該待在這裡』或『公司是不是不需要我』。」

主管只是告訴整個團隊的人可以早點回家，而不是指公司不需要妳、妳趕快回家。至少在還沒有向主管確認的情況下，其真實含意不得而知。但是她卻把這些話解讀成：「（主管叫我早點回家）我是不是不該待在這裡？」「公司是不是不需要我？」

此時，她的狀態可以說是戴上了「恐懼的眼鏡」。所謂恐懼的眼鏡，會讓你用過往經歷所產生的思維習慣，來看待眼前的人、事、物。一旦你戴上了這副眼鏡，觀點就會以恐懼為基礎。

當我讓她按部就班的進行心靈之旅後，果然發現過去的一個回憶，讓她覺得自己是不被需要的。

一旦戴上了恐懼的眼鏡，明明你現在身處的地方與環境，都不同於過去，但你卻會透過往日記憶的濾鏡來看待現在，也讓你的觀點與思維都回到了過去。

「好在意別人（在這個情況下是主管）是怎麼看我的！」「我是不是沒有價值？」她也是被這種恐懼的思維習慣所驅使，透過自己的想像來詮釋主管的話。

當我們的視角成為過去的延伸時，就會被過去的經驗束縛，讓我們難以察覺到新的可能，也沒想到這次的經歷可能會和之前的不同。

如果你用過往經歷所形成的偏頗視角來看待事情，就無法擺脫過去，想像不到其他的可能：「主管可能是為了讓大家放心準時下班回家，才會這麼說，這或許是主管的體貼。不過我今天想要加一下班、做完工作，還是跟主管說一下好了。」

那麼，該如何摘掉恐懼的眼鏡？我們會在下一節談談該怎麼做。

4 戴上「愛的眼鏡」，不被過往的恐懼綁架

其實除了恐懼的眼鏡之外，我們還能戴上另一種眼鏡，那就是「愛的眼鏡」。愛的眼鏡和恐懼的眼鏡都是肉眼看不見的。如果把它們想像成是哆啦A夢的祕密道具，可能會更容易理解。

恐懼的眼鏡是藉由「過去」的濾鏡看待事物，像是往日記憶、自己的偏見與價值觀；而愛的眼鏡則與過去的思維無關，可以讓你用「現在」的觀點、以中立的角度看待人和事。

除此之外，只要戴上了愛的眼鏡，就能見到當你戴著恐懼的眼鏡時，

絕對看不到的事物。一旦用恐懼的視角看待事情，就會把過去的負面經歷當作判斷事物的依據。「我不希望再次發生那種事……」，像這樣擔憂著自己不願面對的未來，進一步強化了恐懼的思維習慣。

總是以別人為優先的人，會在不知不覺中把恐懼的眼鏡當作標準配備。如果要把自己擺第一，就必須注意、要將恐懼的眼鏡換成愛的眼鏡。如果不更換，恐懼的眼鏡就會一直在你眼前，摘不下來。

你準備好換上愛的眼鏡了嗎？那麼，就讓我來分享，該如何換上愛的眼鏡吧！首先，讓我們想像一下，這副愛的眼鏡是什麼樣子。

這是某位實踐了愛的眼鏡功課的客戶，所告訴我的形象，我認為十分容易理解，所以分享給大家。

請閉上眼睛，腦中想像一副紅色鏡框的眼鏡。紅色來自於心的形象，鏡片的形狀為方形，邊角略為圓潤。腦中浮現了樣子以後，可以的話，就在你的想像中觀察一下。

顏色、材質和形狀並沒有硬性的要求，因為這是屬於你的眼鏡，只要你認同「這就是愛的眼鏡」，即使它與這裡描述的不同也無妨。

接下來我要分享的是，戴上愛的眼鏡的方法。首先請閉上眼睛，在心中默念以下的句子：「我想用愛的眼鏡來看〇〇。愛的眼鏡、愛的眼鏡、愛的眼鏡。」此時，你可以帶著以下的心情：「我想用愛的眼鏡看待事物，我想擁有不同於以往的觀點。」當你說完三次愛的眼鏡的同時，恐懼的眼鏡就會消失，而愛的眼鏡就會自動戴在你的眼前。

即便不知道自己是否成功戴上愛的眼鏡，但只要相信自己現在正戴著就可以了。等到熟練之後，只要你內心想用愛的眼鏡看待事物，就能夠立刻戴上。不過在初期，還是按部就班的用這個方法練習戴上比較好。這樣就準備周全了。

試著想像這副專屬於你的「愛的眼鏡」

5 碰上刀子嘴，「愛的眼鏡」能幫你看見豆腐心

接下來，我們來談談什麼時候該使用愛的眼鏡。

當你從對方的言詞或態度中感受到恐懼，心裡開始想：「我希望能轉換成和現在（以恐懼為基礎）不同的觀點（以愛為基礎的觀點）。」這就是你戴上愛的眼鏡的時機。

一開始，當感到恐懼時，其實不太容易戴上這副愛的眼鏡，因為內心會湧現各式各樣的情緒，令人無能為力。因此首先，就像我後續會分享的案例一樣，不要選在事件發生的當下就戴上，而是要等你冷靜下來後，再

戴上愛的眼鏡、回顧當時的場景。過了一段時間後，再戴上愛的眼鏡來回顧的話，就會看到另一個世界。

以下將與各位分享一個案例，讓大家了解戴上愛的眼鏡後，是如何看待人與事的。這是某一位女性的故事，她說她因為主管的苛刻對待而疲憊不堪。

「我的主管火氣非常大，只要事情不合他的意，他馬上就會火冒三丈，對任何人都一樣，說話也很難聽。

「有一次，我沒有向主管報告自己負責的專案資料，就被臭罵了一頓。主管不加掩飾又嚴厲的說話方式，蠻橫的踐踏了我的內心，讓我感到心力交瘁。

「因為當下的我無法戴上愛的眼鏡，於是回家以後，我才利用愛的眼鏡，重新審視主管的行為。結果，我的腦海中忽然浮現一個想法：『或許我也有主管那種脾氣火爆的特質，只是沒有表現出來罷了！』

「我這才想到：『或許主管就是因為在乎這份工作，才會如此激動，措辭比較嚴厲也說不定。』這讓我對主管稍微改觀了。不過我還是會注意一下自己的說話方式。」

以上就是她告訴我的故事。後來，她一連三天都和主管說話了。她神清氣爽的對我說：「在和主管談話的過程中我意識到，過去的我好像都只注意主管的說話方式，但重點並不在於怎麼說話，而是對方真正想傳達的內容，那才是值得關注的。」

另一位女性則告訴我，當她學會戴上愛的眼鏡以後，心態上產生了很大的變化。

「變化就是，我不會再單憑單一面向來看待人與事，只需要一副眼鏡和自己的信念，就可以看到人、事、物的不同面貌。

「在戴上愛的眼鏡後，我感受到愛從內心湧現出來。這看似是用來檢視對方的道具，但我覺得它也能用來幫助自己跳脫平時的思考方式、展現出截然不同的一面。」

讓我們趕緊試著戴上愛的眼鏡，回顧過往的回憶吧！

首先，寫下那些你明明想說、卻沒能開得了口的話，或太過矜持而後悔不已的人或事。再從中挑選一件，閉上眼睛、回想一下當時的場景，並戴上愛的眼鏡，重新審視這個人或事。結果應該會和你戴著恐懼的眼鏡時，看到的觀感有所不同。

只要習慣利用愛的眼鏡後，當你感受到恐懼時，就能隨時戴上它。雖然這項祕密道具——愛的眼鏡所能帶給你的體驗，要你親自試過才知道，但可以肯定的是，它一定會賦予你的心靈全新的可能。

6 只有你能決定，要怎麼看世界

當試圖戴上愛的眼鏡時，有時也會遇到不順利的情況。即便如此，也不要在第一、二次的時候就輕言放棄，一定要反覆嘗試。當緊張與不安消散了以後，取而代之的是放鬆與安全感，就代表已經好好戴上愛的眼鏡了。

但是也不需要太擔心自己是不是真的順利戴上，重點在於你決定用不同於以往的全新視角來看待事物，這份心情才是最重要的。當我們下定決心、想戴上愛的眼鏡看待事物時，就已經開始擺脫恐懼的思維了。

只有你才有能力用愛的眼鏡，來換掉恐懼的眼鏡。因為別人沒辦法強迫你摘掉恐懼的眼鏡、幫你戴上愛的眼鏡，所以「想戴上、想轉換觀點」的心態就十分重要。

如果不願意戴上愛的眼鏡，也不需要勉強。讓我們誠實面對自己，這就是我們現在的想法。等到改變主意時，再來嘗試也不遲。

當我們用愛的眼鏡看人、看事情所累積的經驗越多，對外面的世界就會越有安全感。這種安全感不會讓你忽視自己的感受，而是會鼓勵你嘗試新的事物。

在第六章，我們談到了當你試圖把自己擺第一，但卻無法如願時的應對方式。而在第七章，我們將談到如何讓自己更幸福。

重點在於想戴上「愛的眼鏡」的心情

這些功課幫助你學會以自己為優先 6

在第六章中，我們談到了一些思考方式，當你試圖把自己的感受擺第一卻行不通時，可以幫助你。建議各位不妨試著做以下的功課。

1 讓我們閉上眼睛，試著想像一下「愛的眼鏡」的外觀樣貌，感受它的顏色、形狀和材質。

2 默念：「我想用愛的眼鏡來看待事物。愛的眼鏡、愛的眼鏡、愛的眼鏡。」想像一下愛的眼鏡戴在你臉上的模樣。

3 寫下那些你明明想說卻沒能說出口的話、太過矜持而後悔不已的人或事。從中挑選一個，閉上眼睛，回想一下當時的場景，並戴上愛的眼鏡重新審視。

第七章

允許自己獲得幸福

1 幸福人生，就是過好每一天

我們一起經歷的這趟心靈之旅，已經接近尾聲了。

在第七章之中，我們將會談到如何「允許自己獲得幸福」。

先前曾提到，所謂的以自己為優先，就是察覺並肯定內心真實的想法，不要壓抑、忽視自己真正的感受。

你現在會因為把自己的感受擺後頭而憂心煩惱，其實就代表你想重視那些被自己壓抑、塞在心裡的真實想法與感覺。除此之外，你應該也想在重視自我感受的同時尊重對方，並渴望與他人產生更多連結。

換句話說，就是想要以自己的方式得到幸福，並活出幸福的人生，對吧？獲得幸福，是我們每個人與生俱來的權利。

當我們提到「活出幸福人生」時，乍看之下也許是個很大的命題，但所謂的人生，其實就是每一天的累積。今天一整天過得很幸福，就是通往幸福人生的關鍵。在本章中，我們將分享一些思考方式，幫助你實現這個目標。

2 只要是自己的選擇，就算配合別人也無妨

當我們學會把自己的真實感受擺第一時，就會意識到，不管在實際行動上是否真的把自己擺第一，其實都無所謂。只要誠實面對自己真實的想法，了解自己其實想要怎麼做，就算你決定「不過，這次還是先遷就一下別人好了」，也不會感受到壓力。

以下的經歷，是某位女性回到老家後發生的事情。

「前幾天，我回到了久違的老家，母親還是像往常一樣，委婉的要求

我幫忙。我從小就在家中扮演大人的角色，一直照顧著大家，所以我總是會察覺到加諸在自己身上的期望，並根據它來行動，這讓我疲憊不堪。

「當我在和母親聊天時，我注意到：『啊，我又陷入一貫的模式之中了。』但即使我明白這一點，我還是決定配合行事，因為我知道自己還是很在乎母親。

「過去我也曾覺得自己的假期被剝奪，並因此而鬱悶，但這次我是在有所自覺的情況下，自己決定以媽媽為優先，所以比想像中還要輕鬆的完成了任務。」

就結果而言，乍看之下好像和往常一樣，沒有任何變化。然而，這次她誠實面對自己的真實想法，在了解自己想要怎麼做的前提下，選擇把媽媽擺第一，也就獲得了與以往截然不同的體驗。

「我真正想做的事是什麼？」「我的真實想法是什麼？」只要解開這些問題，你就可以依據情況，選擇是否要以自己的感受為優先。此外，當你能夠決定自己該怎麼做，而不是被他人左右時，就不會感覺到任何忍耐和犧牲。

重點不在於結果，而是你是否能夠自主的選擇。

3 不要對自己的真實感受撒謊

誠實面對自己的真實感受也十分重要。

無論你要不要以自己為優先，都不需要當老好人，也不必尋找什麼正當或合理的理由，誠實面對你的真實感受就好。

如果你不得不把他人擺第一，在感受到壓力的情況下，冒出了厭惡的感受或情緒，就承認它的存在。就像先前提到的，即使出現了你不樂見的情緒或負面想法，也不需要帶入善惡的判斷和罪惡感。情感本身沒有好壞之分，所以請尊重自己的想法，把它放在最重要的位置。

如果你習慣以別人為優先，就會不斷壓抑自己的真實感受與情緒，常常在腦海中胡思亂想來說服自己，這可能會使你不習慣誠實面對自己的真實感受。

以下是某位女性的案例。

「我和老公出門吃飯時，對於要去哪間餐廳，我們的意見出現分歧。我提出自己的意見，但老公好像聽不進去，再加上當天他看起來很累，所以我就以他的想法為優先、決定用餐的餐廳。當下我以為自己很滿意這個決定，但吃到一半時又突然覺得：『果然，早知道就不要來這家餐廳了……。』一直到離開餐廳後，心情還是很鬱悶。」

當她告訴我以上這段話之後，我問她：「對於決定以他的想法為主，妳並不是打從心底覺得滿意？」她回答：「沒有，當時的我是很滿意的！」然而，如果她真的打從心底滿意這個決定，應該就不會感到鬱悶。

聽她繼續說下去之後，我才發現她會理性的說服自己，像是「我已經提出自己的想法了，但他就是聽不進去，所以這樣就夠了」、「因為他很累，所以就到此為止好了」。

因此，儘管她在理性上能夠體諒，也表現得像個成熟的大人，但心裡卻對此不滿意而悶悶不樂，就是因為她並未正視自己內心的感受。

當我把這件事告訴她時，她回答我：「我認為去老公想去的餐廳是一件好事，不過，『我其實想去另一間餐廳！』這個想法一直隱藏在我的內心，我的理性卻無視它的存在，原來這就是鬱悶的根源。明白這一點以後，我感覺好多了。從今以後，我要多多傾聽自己的真實感受。」說完後，她的神情也變得神清氣爽。

就像這樣，有時候即使我們在理性上是滿意的，但內心卻無法贊同這個想法。就算不是故意的，也會因為忽視自己的真實感受，而導致我們陷入這樣的處境。

明明覺得這樣就好，但心情上還是很鬱悶的時候，不妨檢視一下自己是否只是在用理性說服自己，或者要去了解一下內心的真實想法。

接下來，讓我們在誠實面對自己真實感受的前提下，採取行動吧！

在第四章中提到的自我優先的功課（請參照第一二四頁）是很好的練習，可以讓你誠實面對內心真實的想法，如果你還不了解自己的感受，可以持續嘗試看看。

4 別只看到失敗的結果，卻忘了過程中的成長

當我讓客戶依據心靈之旅的步驟實踐時，他們會說：「我學會了以自己為優先，這真是前所未有的體驗！我好開心！」但過了一段時間後，又會聽到他們說：「之前明明還做得到，但這次卻無法把自己的感受擺第一，又再度發生相同的狀況，真是令人沮喪，我好鬱悶……。」

我們可能會降低對自己的評價，認為自己還是辦不到，在這種時候，我建議各位做的就是「鼓勵過程」。

有一種觀點認為，人的成長並不是直線的，而是如同螺旋階梯一般迂

迴向上。尤其是在建立全新的看法與行動模式前，會在新舊領域之間頻繁穿梭，所以在進行的過程中，來來回回是理所當然的。

每當你陷入不安與焦躁時，不妨好好回顧一下心靈之旅、想想一路走來的過程，你會發現自己還是做到了某些事。

有一位女性曾經感嘆、總覺得自己根本沒有改變。為了讓她自覺自己是否真的沒有任何改變，我建議她做一件事。

假設當初因為無法以自己為優先、因而煩惱不已的時候是零分，滿分是一百分，我讓她從「把自己擺第一的程度」和「做了多少讓自我心靈快樂的事情」兩個觀點出發，自己思考一下現在感受到的數值大概達到了正多少（例如正二〇、正五〇等）。

她這才發現，自從開始做功課以後，自己的思維方式出現很大的變化。她說：「過去在人際關係上，我總是太勉強自己了，現在如果遇到讓自己不自在的關係，我懂得去拒絕，也獲得了更多自由。」我聽完這段話後，告訴她：「這就是非常巨大的變化，不是嗎？」

就像我們在「沒有沒有症候群」（請參照第九十四頁）單元中提到的，因為人們很擅長尋找「不足」，一旦出現了無法以自己為優先的情況，就會傾向於把注意力集中在不足。然而，只要你好好回顧一下，就會發現你的變化遠比你想像的還要巨大，只是自己沒有察覺罷了。

哪怕只是微小的改變，也要自己積極的尋找並給予肯定。

透過心靈之旅、懂得享受以自己為優先的人，就能夠把注意力集中在自己身上，懂得肯定微小的改變和進步，並因此而快樂。

結果，達成目標的事實將轉化為自信並產生動力，也就越來越懂得把自己擺第一。另一方面，無法享受的人，或許也可說是無法肯定自己的努力和微小進步的人。他們很可能對自己抱持著高度的期待。

從客觀上來說，其實他們明明已經達到一定的水準，但因為自己原本抱持的期待太高，所以才會採取嚴格的評價標準、覺得還不夠，但這反而會讓他們永遠無法把自己擺第一。

與其等到終於能以自己為優先、直到滿意了才肯鼓勵自己，不如好好關注那些已經發生的微小變化，以及一路走向改變的當下的自己，並給予鼓勵。

所謂的鼓勵過程，不單單只是關注自己學會了什麼、做到了什麼。無論有沒有做到，擁有願意嘗試的態度與勇往直前的想法，就已經非常值得鼓勵了。只要學會肯定這個過程，哪怕十分微小，你也能感受到自己每天都在成長與改變。

在改變的過程中，我們往往難以察覺自身的變化。也正因為如此，我們更應該關注過程而非結果，鼓勵正在努力的自己。即使你現在不這麼認為，但總有一天，你一定會意識到自己似乎改變了不少。讓我們期待這一刻的到來，一步一步的向前邁進。

5 信任，會讓你更強大

擁有一顆信賴的心，可以幫助我們心中的那杯水（請參照第八〇頁）順利循環，建立幸福的人際關係。

信賴，顧名思義代表著信任而依賴，還有因依賴而產生信任。以自己為優先時的信賴，就是承認自己的真實感受，並相信將它擺第一也沒問題。除此之外，這也是以「自己與對方都不是弱小、無用或沒有能力的人」為前提的思考方式。

我想，或許有人還是無法理解我的意思。接下來就讓我們談談，這是怎麼一回事。

比如說，當有人請我們幫忙時，我們經常會認為如果拒絕的話，會給對方添麻煩，所以不能拒絕，以此為理由把別人的事擺第一。如果從信賴的觀點來看，這種表現就是不信任對方。

當對方拜託你時，他的內心當然會有所期待，就是希望你能答應。有時候甚至像是有什麼不成文的規定一樣，對方會夾帶著某種氛圍來要求你：「你應該會幫我吧？」

然而，如果這件事真的非做不可，就算你拒絕了，對方也一定會想方設法另闢蹊徑。或許是拜託其他人幫忙，也可能乾脆直接更改行程或內容。「對方不是一被拒絕就應付不了的無能之輩，他一定能找到辦法解決」，用這種觀點看待對方，就是信賴對方。

在第五章，我們談到了「說『不』也沒關係」。這不只是指你說

「不」也沒關係，也包括拜託你幫忙的人，即使被拒絕也是沒關係的。然而，如果對方太依賴你，遭到拒絕時可能會潸然淚下，或對你冷嘲熱諷。

如果這些舉動讓你的內心動搖，可以回頭重新閱讀第五章「你不必成為誰的超人」，它會提醒你沒必要被對方的態度牽著鼻子走。當你把自己的真實感受擺第一時，透過信賴自己以及對方的前提，也會自然而然的建立起你對外在世界的信任。

每個人本來就擁有力量、能活出幸福的人生。當你感到心靈即將崩潰的時候，請記得，相信那股力量，而不是把懷疑和憂慮集中在自己和別人身上。

舉例來說，如果身邊有個朋友會無條件的信賴你，你就會感覺像是吃了定心丸一樣，對吧？讓我們成為那位能無條件信賴自己的朋友吧！

信任，會讓你更強大。

信賴對方，就能以自己為優先

6 你想擁有什麼樣的人生？

當我們學會以自己為優先，自然就會把注意力集中在自己想做的事、渴望的生活方式，以及理想中的自我樣貌。然而，如果長期讓別人優先於自己，或許就很難回答以下的問題。

實際上，當我詢問我的客戶：「假設你現在解決了你所面臨的一切問題，你想要擁有什麼樣的生活？」很多人都會回答完全沒有頭緒或不知道。然而，這只是因為你現在還不知道，或是過去一直沒有餘力去思考罷了，並不代表你從未思考過自己想要活出什麼樣的人生。

讓我們激發埋藏在內心深處的想法，想像一下在不遠的未來，終於能夠以自己的感受為優先的你，會是什麼模樣。需要注意的是，要站在以自己為優先的觀點來想像。想一想，如果是自己的話，會如何回答以下這些問題？

在回答時，可以盡情發揮想像力，不需要太嚴肅，好好享受吧！要是擔心不敢把答案告訴別人、說出答案可能會被恥笑……這樣的答案也許就是我們內心真實的想法。要活出自己的人生，就要讓自己的真實想法和生活連結。讓我們誠實面對自己的感受，仔細思考並找出答案！

以下就是我的問題。學會把自己擺第一的你：

- 你知道什麼樣的生活，能讓自己感受到快樂與幸福嗎？
- 生命中最重要的事物是什麼？

・不想後悔的事情是什麼？
・想成為怎樣的自己？

即使現在回答不出來，也不必擔心，只要以自己為優先，你終究會找到答案的。不妨等過了一段時間之後，再問問自己這些問題。

「我想活出這樣的人生！」擁有這種未來視角，會為我們帶來巨大的生命力，讓我們獲得專屬於自己的生活。希望大家能好好思考一下。

7 獲得幸福，不需要有罪惡感

當我們學會以自己的感受為優先之後，就能逐漸實現自己的願望。以往就算只是一點小事，也會壓抑自己想法的人，也能慢慢嘗試去做自己想做的事。此時最容易扯你後腿的，正是罪惡感。

有一位男性把別人看得比自己還重要，導致他在職場上經常面臨左右為難的窘境，感受到龐大的壓力，

於是他努力完成心靈之旅的功課，學會了把自己擺第一。在過程中，他開始認真思考：「我到底想要活出什麼樣的人生？」「我想做的事情是

什麼？」

時隔一段時間再見面後，他告訴我，他以前就一直很想買某輛價錢稍貴的公路腳踏車，現在終於買下來了，而且騎著它上下班。當他早上懷著愉快的心情，騎著心愛的腳踏車到公司時，總會看到一旁來上班的同仁顯得十分疲憊。看見這個景象，他苦笑了一下、心想：「只有自己這麼快樂，總覺得有點不好意思。」

當一個一直以別人為優先的人，開始像這樣把自己擺第一時，幾乎無可避免的都會萌生罪惡感。然而，如果你輸給了罪惡感、又走上回頭路，那就什麼也改變不了。

如果感覺到罪惡感在扯後腿時，不需要與之對抗，只要承認：「啊，原來我覺得很不好意思。」「原來我會有罪惡感。」把這些想法照單全收就好。只要認同自己的真實想法，就能重新踏上屬於自己的人生道路。

我告訴那位騎公路腳踏車上班的男性，請他原封不動的接納懷有罪惡感的事實。接下來我每次見到他時，他都變得更放鬆、平靜，與此同時，他在職場上的壓力也獲得了釋放。

第一次見到他的時候，他很壓抑、會克制自己的情感，但如今看到他開心的模樣，告訴我他為了自己、狠下心買了可說是昂貴奢侈品的公路腳踏車，並且瀟灑的騎著它去上班。我感受到，他眼前出現的是與以往截然不同的風景。

我們都希望能誠實面對自己的情感，活出幸福的人生。然而，有些人依舊堅信在目前的處境下，這是不可能達成的目標，因為時間、金錢、家人、工作、社會……他們會尋找各種理由壓抑自我，還有人會認為無法實現而自我放棄，也有許多人渴望採取行動卻動彈不得。

過去的我，以及在開啟這段心靈之旅以前的你，也是像這樣。即使你開始把自己的感受擺第一，也不代表未來的生活會瞬間產生劇烈的改變。改變會一點一滴的逐漸發生，當你驀然回首，你會驚訝身邊的景象竟然與過去如此不同。

把自己的真實想法擺第一、而且好好重視，不是自私自利的行為。你值得擁有幸福，無論你是否能夠以自己為優先，都不會改變你的價值。請不要忘記這一點。我相信，走完這趟心靈之旅的你，一定可以活出屬於自己的人生，快樂的每一天正等待著你。

這些功課幫助你學會以自己為優先 7

在第七章，我們談到了如何察覺心中的真實感受，活出屬於自己的幸福人生。建議各位不妨試著做以下的功課。

1 什麼樣的生活方式能讓你感到快樂與幸福？請盡情發揮想像力，寫下你渴望的生活方式。

2 在你的生命中，最重要的事物是什麼？不想後悔的事情是什麼？試著把它寫下來。

3 寫下所有你想做但心有餘而力不足、沒辦法達成，讓你真的很想嘗試的事。寫下你想做的任何大小事，不需要做任何價值判斷。從寫下的清單中，選出你可以為自己完成的事，並採取行動。訣竅是從小事開始做起，即使一開始只有一、兩件事也好，讓我們逐步實現自己的願望。

後記 人生不會十全十美，但你可以好好對待自己

感謝各位拿起這本書來閱讀，也感謝與我一起走過心靈之旅的每一個人。透過以上分享的七章，你可能會感覺到一些變化，也可能不會。或許也有人在心靈之旅的途中受挫。

然而，請不要為此自責，認為自己很沒用，也不需要懷有罪惡感。每個人適合心靈之旅的時機不盡相同，只要你嘗試在適當的時機進行，也可能會獲得不同的結果。

這本書的心靈之旅到此結束了，但你接下來才正要展開嶄新人生。

我們在每一章的最後，都設定了一些功課，其中有兩項功課希望你能持續下去，直到養成習慣。那就是「自我優先的功課」以及「感謝的功課」。只要持續實踐這些功課，哪怕只有其中一項也好，你將會更容易感受到自己的改變。

前幾天，我與某位已經完成心靈之旅的客戶見面，距離上次見到她，大概有一年了。雖然我們一直都有書信往返，但已經好久沒有見到面了。她的氛圍和聲音、語調明顯比以前更開朗，眼神也散發出更多光芒，有了十分巨大的變化。

我第一次見到她的時候，她就是一個「把別人擺第一、配合別人，卻忽視自我感受」的典型例子。

她告訴我：「雖然有些時候，我還是會去追求宛如圖畫般的完美幸福，覺得自己很沒用而垂頭喪氣，但現在多虧了感謝的功課，讓我學會感謝日常的微小事物。我從以前就一直渴望自立門戶，現在終於鼓起勇氣、踏出第一步。其實我連新的辦公室都找好了，我正在朝向獨自創業的目標邁進。」

第一次見到她時，她因為過於遷就他人而疲憊不堪、聲音低沉，如今的她和當時簡直判若兩人。當初諮詢的時候，她說想要減少工作量，但由於經濟方面的緣故，擔心離職後找不到下一份工作，只好咬牙苦撐，每天都加班到很晚，根本沒辦法顧慮自己的感受。

「原來只要改變了內在，人生就能發生這麼大的變化」，在聽她說話的過程中，再次讓我感受到每個人擁有的心靈力量。

我認為終極的自我優先，就是能重視自己的真實感受，而且不會在意他人的眼光，活出屬於自己的人生。

沒錯，掌控你人生主導權的人，正是你自己。

過去的我也曾經很難受，一直過著痛苦的日子，但是在體驗完心靈之旅後，我感覺好多了。現在的我，已經學會笑著包容自己所有的過去，接納那些看起來十分灰暗的時光。

然而，這不代表不會再有任何問題，也不是指人生是十全十美的，更不代表自己成了聖人。只是我意識到自身能力的極限，也領悟了這些道理：「原來可以重視自己的真實感受」、「即使個性和感受與別人不同也無所謂」、「只需要盡情活出屬於自己的人生就好了」。

當你能這麼想的時候，你就會發現每個人都擁有屬於自己的獨特人生，可以充分發揮天賦與才能。

在接下來的道路上，有的時候會感到很順遂，但有的時候也會對未來充滿不安，或者因為事情發展不如預期而鬱悶。當遇到這種情況時，不妨試著告訴自己：「向大家尋求幫助吧。」

此外，當你感到迷茫或沮喪時，隨時都可以回來讀這本書。不要忘記還有其他夥伴與你並肩同行、走在同一條道路上。我也仍然走在我的旅途上，你我都是同一條旅途中的一員。

讓我們在沿途獲得愛與快樂的同時，一起並肩走下去。

讀完這本書後，有些人可能還是十分煩惱，缺乏動力完成本書的功課；也或者有人難以相信，世界上還有許多愛與快樂。

然而，你不可能在那裡煩惱一輩子。

夜晚，必將迎來曙光。

也許難以置信，但這就是事實。

我也從未想過自己的內心會像現在這般平靜、有朝一日竟然能寫出一本書幫助別人。但事實是，我現在每天都過得很快樂、很幸福。倘若你現在覺得十分痛苦，即使你不相信，我依然會建議你嘗試完成以上的功課。

如果這本書能幫助各位追隨自己的內心、盡情活出屬於自我的人生，那將是我的榮幸。

最後，我要感謝出版社的每一個人，你們與我共同將這本書帶到這個世界上。我也要感謝一直以來給予我溫暖、支持我的家人、朋友，還有賦予我許多靈感的客戶們，以及各位讀者，我在此由衷的感謝大家。

國家圖書館出版品預行編目（CIP）資料

為了配合你，我總是苛刻的對待自己：在「從不讓人失望」和「只顧自己」之間，我該站在哪裡？/積田美也子著；李煥然譯. -- 初版. -- 臺北市：大是文化有限公司、2021.05
240面；14.8X21 公分. -- (Think；216)
譯自：「つい自分を後回しにしてしまう」が変わる本
ISBN 978-986-5548-48-3(平裝)

1.自我肯定 2.自我實現

177.2 110000294

Think 216

為了配合你，我總是苛刻的對待自己

在「從不讓人失望」和「只顧自己」之間，我該站在哪裡？

作　　者／積田美也子
內文插圖／北村友紀
譯　　者／李煥然
校對編輯／林盈廷
副 主 編／劉宗德
副總編輯／顏惠君
總 編 輯／吳依瑋
發 行 人／徐仲秋
會　　計／陳嬅娟、許鳳雪
版權經理／郝麗珍
行銷企劃／徐千晴、周以婷
業務助理／王德渝
業務專員／馬絮盈、留婉茹
業務經理／林裕安
總 經 理／陳絜吾

出 版 者／大是文化有限公司
臺北市 100 衡陽路7號8樓
編輯部電話：（02）23757911
購書相關諮詢請洽：（02）23757911 分機122
24小時讀者服務傳真：（02）23756999
讀者服務E-mail：haom@ms28.hinet.net
郵政劃撥帳號／19983366　戶名／大是文化有限公司
法律顧問／永然聯合法律事務所
香港發行／豐達出版發行有限公司
Rich Publishing & Distribution Ltd
香港柴灣永泰道70號柴灣工業城第2期1805室
Unit 1805, Ph.2, Chai Wan Ind City, 70 Wing Tai Rd, Chai Wan, Hong Kong
Tel：2172-6513　Fax：2172-4355　E-mail：cary@subseasy.com.hk

封面設計／林雯瑛
內頁排版／陳相蓉
印　　刷／緯峰印刷股份有限公司
出版日期／2021年5月初版
定　　價／340元（缺頁或裝訂錯誤的書，請寄回更換）
I S B N／9789865548483
電子書I S B N／9789865548476（PDF）
9789865548490（EPUB）
Printed in Taiwan